Cure de jouvence
pour la *Sécu*

5-7, rue de l'École-Polytechnique, 75005 Paris

http://www.editions-harmattan.fr

ISBN : 978-2-343-21006-3
EAN : 9782343210063

Jacques Bichot

Cure de jouvence pour la *Sécu*

L'Harmattan

SOMMAIRE

INTRODUCTION

Pourquoi vouloir rajeunir notre bonne vieille *Sécu* ? Parce que nous l'aimons, en dépit de tous ses défauts ; parce qu'elle est indispensable ; et parce qu'elle est en danger de sénescence. Les Français, quand ils sont consultés à son sujet, montrent bien, à la fois, leur attachement et leur inquiétude. Deux exemples :

- Un sondage *Odoxa* de décembre 2016 relatif à l'assurance maladie donnait un beau satisfecit au système français, jugé « bon » et « meilleur que celui des autres pays » par 84 % des personnes interrogées. Mais l'inquiétude pour l'avenir était forte : 58 % se disaient « assez inquiets », et 16 % « très inquiets ». Encore plus majoritairement, à 79 %, ils estimaient que notre système d'assurance maladie est « en danger ». Seuls 41 % le jugeaient viable à long terme.
- Un sondage *Harris interactive* de décembre 2019 concernait à la fois l'assurance maladie et la retraite. L'inquiétude pour l'avenir y apparait forte : 68 % des personnes interrogées estimaient que l'assurance maladie, à l'avenir, prendra moins bien en charge les frais de santé ; et 57 % disaient ne pas faire confiance au système de retraites par répartition (34 % « plutôt pas » et 24 % « pas du tout »). Questionnés sur leur choix entre retraite par répartition et retraite par capitalisation, les jeunes manifestaient leur méfiance à l'égard de la répartition : la capitalisation l'emportait par 40 % contre 30 % pour les 18-24 ans, et par 37 % contre 33 % pour la tranche d'âge

25-34 ans. Au-delà, la répartition prend la tête, mais il se trouve encore 22 % de partisans de la capitalisation, et seulement 58 % de la répartition, parmi les personnes de 55 à 64 ans, c'est-à-dire parmi celles qui ont déjà engrangé la totalité ou une grosse majorité de leurs droits en répartition. Cela montre que la confiance n'est pas vraiment au rendez-vous !

Les Français ont donc compris que leur Sécurité sociale n'est pas en bonne forme, et ils s'inquiètent. Les difficultés de mise en place d'un système unifié de retraites par répartition, conséquences pour une bonne part de l'amateurisme manifesté en la matière par les pouvoirs publics, ne contribuent évidemment pas à dissiper le sentiment d'être embarqués sur un bateau vieillot dont les officiers et l'équipage n'ont pas les qualités requises pour effectuer une traversée difficile.

Les changements de personnes en charge de cette réforme délicate n'ont rien arrangé. Agnès Buzyn, médecin nullement préparé à s'occuper d'une méga-réforme des retraites, a quitté son poste de ministre des solidarités pour aller candidater à la mairie de Paris ; a-t-on jugé, en haut lieu, qu'elle ne faisait pas l'affaire pour cette réforme clé ? Peu avant, Jean-Paul Delevoye, Haut-commissaire puis secrétaire d'Etat chargé de la réforme des retraites, qui avait animé une très longue concertation à ce sujet avec les organisations syndicales et patronales, et présidé à la rédaction d'un rapport présentant les grandes lignes d'une importante réforme des retraites, avait été démissionné pour d'obscures histoires d'erreurs et omissions de déclarations d'intérêt à la Haute autorité de la transparence de la vie publique. On croirait assister à un vaudeville de Labiche !

La crise du coronavirus a révélé de nouveaux cas de gestion publique aberrante, comme la vente en 2018 du principal fabricant de masques sanitaires français à une entreprise américaine, laquelle s'est empressée de délocaliser totalement la production dans un pays à main d'œuvre bon marché et d'envoyer à la casse un matériel en parfait état de marche[1]. Et

[1] Reportage de C. Allain et R. Le Dourneuf sur *20 minutes*, le 2 avril 2020.

ce n'est qu'une des grosses bêtises qui ont été commises dans le domaine médical par les autorités responsables des affaires de santé et d'assurance maladie ; citons-en simplement deux autres, majeures, deux mesures qui étaient soi-disant destinées à engendrer des économies : *primo*, la suppression, depuis des années, pour ne pas dire des décennies, de lits d'hôpital qui constituaient l'indispensable réserve de sécurité, sans coûter grand-chose ; *secundo,* un numerus clausus relatif aux études de médecine abaissé durant plus de vingt ans (de 1983 à 2004) à la moitié de ce qu'il aurait fallu pour ne pas avoir aujourd'hui une pénurie de médecins qui, très gênante dans les circonstances ordinaires, est proprement dramatique en cas d'épidémie. Le choix de soi-disant économies qui, finalement, diminuent l'efficacité de notre système de soins tout en augmentant les dépenses de la *Sécu*, doit nous faire réfléchir ; Shakespeare aurait écrit : « n'y aurait-il pas quelque chose de pourri au royaume de la Sécu ? »[2]

En matière de retraites et de politique familiale, notons la transformation progressive de la politique familiale en une politique d'assistance[3], transformation qui, en nuisant à la fécondité, a mis en péril l'avenir du pays et de son système de retraites : nous avons commencé à en payer les conséquences. Il semblerait que l'on ait oublié en haut-lieu ce qu'Alfred Sauvy, le créateur de l'INED (Institut national d'études démographiques) a expliqué avec talent, à savoir que nous ne préparons pas nos retraites par nos cotisations, mais par nos enfants. Cela montre qu'il n'y a plus de stratège, quasiment plus personne parmi les hommes politiques au pouvoir ou influents, qui connaisse le véritable rôle de la « branche famille » dans la vie de la nation : investir dans le capital humain.

Cette ignorance en haut-lieu du rôle et du fonctionnement économiques de la Sécurité sociale est dramatique, parce qu'une bonne Sécurité sociale, intelligemment construite, serait un atout majeur à la fois pour le bonheur des Français et pour la

---

[2] « Il y a quelque chose de pourri au royaume de Danemark », *Hamlet*, I,4.

[3] De la Libération aux années 1950 la politique familiale représenta la moitié des dépenses de la Sécurité sociale ; aujourd'hui il ne s'agit plus que d'un petit dixième.

vigueur (notamment économique) de la France. C'est également un coup dur pour l'humanité, parce qu'un pays comme le nôtre devrait contribuer efficacement à montrer aux pays dits « en développement » comment on peut organiser une bonne protection sociale.

Alors, que faut-il faire pour sortir du dramatique enlisement de la Sécurité sociale auquel nous assistons en France ? D'abord réfléchir, réfléchir en profondeur, en mobilisant nos connaissances économiques les plus solides, pour ensuite réaliser une réforme de très grande envergure.

Actuellement, les idées dominantes relatives à la Sécurité sociale constituent une sorte de bouillie dépourvue de saveur et de qualités nutritives. La confusion intellectuelle est telle que des actes d'investissement sont catalogués par le législateur comme étant des mesures d'assistance, et sont comptabilisés comme tels par la statistique officielle. Corrélativement, des cotisations qui ne servent en rien à préparer réellement les futures pensions de ceux qui les versent sont prises comme base de l'attribution des droits à ces futures pensions.

Des décisions typiquement techniques, relevant de la direction générale de tel ou tel organisme de protection sociale, sont prises par des politiciens, qui bien souvent n'y connaissent pas grand-chose. Quant à la cohérence, notamment économique, du système, les personnes qui exercent le pouvoir n'ont même pas idée de ce que cela pourrait bien être : elles légifèrent et réglementent à tour de bras, pour donner un peu plus aux uns et un peu moins à d'autres, souvent en réaction à l'actualité vue à travers le prisme médiatique. Peu importe, à leurs yeux, que le code de la Sécurité sociale, à l'instar d'ailleurs de nombreux autres codes, soit devenu, à ce petit jeu, un recueil illisible de règles incompréhensibles et mouvantes.

C'est cela qu'il faut changer. Les analyses et propositions présentées dans cet ouvrage ont pour vocation de contribuer à un véritable renouveau. Notre chère *Sécu* a mal grandi, et maintenant elle vieillit mal : elle a besoin d'une cure de jouvence. Une cure vraiment adaptée à son état lamentable ; une de ces cures après lesquelles les patients se sentent revivre.

PREMIÈRE PARTIE

CE QUI NE VA PAS

L'objectif du présent ouvrage est de tracer les grandes lignes d'une réforme majeure de notre chère *Sécu*, institution parmi les plus importantes de toutes celles qui contribuent à faire de la France un pays où il fait bon vivre. Evidemment, si la Sécurité sociale française fonctionnait très bien, il serait inutile, et même déraisonnable, de vouloir la réformer en profondeur, la reformater. Hélas, c'est loin d'être le cas. Et les Français en ont conscience.

Durant la campagne électorale de l'élection présidentielle, dont le premier tour eut lieu le 23 avril 2017, Emmanuel Macron déclara (le 21 mars) : « 80 % des jeunes pensent qu'ils n'auront pas de retraite. J'instaurerai un système plus clair, qui accorde les mêmes droits à tous. » Et le parti du futur président, LREM, déclarait sa volonté de « réformer en profondeur le système des retraites », parce que « aujourd'hui, selon votre statut, vous n'avez pas les mêmes droits. Nous changerons cela… ».

Cette conscience du fait que notre Sécu n'est pas au mieux de sa forme perdure évidemment : ce n'est pas le vaudeville relatif à la réforme des retraites qui pourrait changer l'opinion des Français à ce sujet. Mais quand il s'agit de savoir précisément ce qui ne va pas, la plupart des Français se retrouvent dans la situation que connaissent bien les malades : ils sentent qu'ils ne vont pas bien, ils souffrent, ils manquent de tonus, mais pour savoir ce qu'ils ont au juste, et que faire pour aller mieux, ils s'adressent à un médecin.

Celui-ci commence par faire un diagnostic ; ensuite il rédige une ordonnance, ou envoie le patient faire des examens, qui l'amèneront peut-être à subir une opération chirurgicale, ou à engager un traitement de longue durée. Nous effectuons ici une démarche analogue : d'abord poser un diagnostic, déterminer « ce qui ne va pas », après quoi, dans une seconde partie, nous conseillerons une thérapie.

CHAPITRE 1

Le mensonge des cotisations patronales

Les recettes et les dépenses « sociales » de la France, à savoir celles de la Sécurité sociale *stricto sensu* et celles de divers autres organismes « sociaux », notamment l'assurance chômage et les régimes de retraite complémentaire par répartition, dépassent très largement celles de l'Etat. Les dépenses de la seule Sécurité sociale, donc abstraction faite des retraites complémentaires, de l'Assurance chômage et de quelques autres dispositifs, ont atteint en 2019 environ 510 Md€, alors que celles de l'Etat ont avoisiné 391 Md€. Quant aux recettes, l'écart en faveur de la Sécurité sociale est encore plus spectaculaire : 508 Md€ pour la *Sécu* contre 291 Md€ pour l'Etat, qui finance le quart de ses dépenses en empruntant.

Parmi les recettes de la Sécurité sociale, les cotisations occupent une place prépondérante : 254 Md€ en 2019, malgré une baisse par rapport à 2018, soit la moitié du total des recettes. La rentrée de l'Etat la plus importante, la TVA, s'est limitée en 2019 à 129 Md€. Et l'impôt sur le revenu, qui rapporte environ 70 Md€, fait presque figure de poids plume en comparaison des 100 Md€ de la CSG en 2019, montant pourtant en net retrait par rapport aux 117 Md€ de 2018. Cotisations sociales et contributions telles que la CSG (*Contribution sociale généralisée*) et la CRDS (*Contribution au remboursement de la dette sociale*) doivent donc figurer à la première place des analyses et propositions des économistes qui se préoccupent d'améliorer le fonctionnement de nos finances publiques.

En conséquence, ce premier chapitre est consacré aux cotisations sociales, elles-mêmes divisées en cotisations dites patronales et cotisations dites salariales. Iconoclaste, l'analyse présentée ci-dessous montre que cette division, héritée d'une histoire qui remonte pour le moins aux maîtres de forge du XIXème siècle, constitue un handicap majeur pour la bonne organisation de nos finances sociales et le bon fonctionnement de notre économie. Nous montrerons que les cotisations patronales constituent une antiquité qui n'a plus de raison d'être, et qui produit des effets pervers, économiques et sociaux, d'importance majeure, si bien que la modernisation de notre chère vieille sécu requiert leur absorption par les cotisations salariales.

Les recettes de la Sécurité sociale

Le tableau ci-dessous indique les montants fournis par *Les comptes de la Sécurité sociale*, document publié en septembre de chaque année. La colonne 2019 fournit donc les estimations réalisées durant l'été par l'équipe chargée de ce travail, tandis que la colonne 2018 présente des chiffres presque définitifs. Les montants sont en milliards d'euros (Md€). Il s'agit uniquement des recettes destinées aux « régimes de base » et au Fonds de solidarité vieillesse (FSV) ; ils ne comprennent donc pas les recettes de l'AGIRC-ARRCO et autres régimes de retraites par répartition dits « complémentaires ».

Catégorie de recettes, Année	**2018**	**2019**
Cotisations sociales	266,4 Md€	254,2 Md€
Cotisations d'équilibre de l'employeur	40,5	41,1
Cotisations prises en charge par l'Etat	6,3	5,4
CSG	116,7	99,7
Autres « contributions »	11,3	6,9
Impôts et taxes	41,7	85,1
Charges liées au non-recouvrement	- 2,1	-2
Transferts nets	10,6	10,8
Autres produits nets	7	6,8
Total des produits nets	**498,4 Md€**	**508 Md€**

L'absence des retraites complémentaires dans les comptes de la *Sécu* complique singulièrement la compréhension du financement de nos assurances sociales (au sens large du terme). Mais ce n'est pas la seule cause de la difficulté que les utilisateurs de ces statistiques éprouvent quand ils veulent se faire une idée précise des finances sociales de notre pays. Pourquoi recourir à deux sortes de cotisations, les unes dites « patronales », et les autres « salariales » ? Pourquoi distinguer entre un salaire « brut » et un salaire « super-brut » ? Pourquoi ne pas, comme on le fait pour les « contributions » (CSG et CRDS), traiter toutes les cotisations comme étant des prélèvements sur le salaire brut, rendant ainsi sans objet cette dénomination « salaire super brut » pour désigner la somme du salaire brut et des cotisations patronales, ces dernières ayant été absorbées par les cotisations salariales sans réduire d'un centime le salaire net ?

Un budget social « à la main » du Gouvernement

La conduite des affaires de la Sécurité sociale fait partie des responsabilités de l'Etat, et plus précisément du Gouvernement et du Parlement. Chaque année le Parlement vote une *Loi de financement de la Sécurité sociale* (LFSS) préparée par les services du Gouvernement. Celui-ci dispose, pour faire aboutir le projet de budget social auquel il tient, des mêmes pouvoirs que pour faire voter le budget de l'Etat. L'article 49 de la Constitution, en son troisième alinéa – ce qui explique pourquoi les journalistes et autres commentateurs des finances publiques parlent volontiers du « 49-3 » - dispose en effet : « Le Premier Ministre peut, après délibération du Conseil des Ministres, engager la responsabilité du Gouvernement devant l'Assemblée nationale sur le vote d'un projet de loi de finances ou de financement de la Sécurité sociale. Dans ce cas, ce projet est considéré comme adopté, sauf si une motion de censure, déposée dans les 24 heures qui suivent, est votée dans les conditions prévues à l'alinéa précédent. »

Autrement dit, la Constitution confie la responsabilité du budget de la Sécurité sociale, comme celle du budget de l'Etat, au Gouvernement : le Parlement peut certes proposer des modifications au projet gouvernemental, mais ce n'est pas lui qui a le dernier mot. En revanche, le Parlement serait parfaitement dans son rôle s'il votait une loi basculant de la catégorie « patronale » à la catégorie « salariale » la totalité des cotisations patronales qui servent à acheter, et donc à financer, des droits sociaux pour le personnel des entreprises, associations, administrations et autres employeurs.

Les vestiges d'une longue histoire

Comme souvent, l'explication de la division des cotisations sociales en cotisations salariales et cotisations patronales est historique. Les prélèvements sur la rémunération des salariés ont été institués progressivement, et modifiés à maintes reprises. Chaque équipe gouvernementale et chaque assemblée législative (l'Assemblée nationale et le Sénat) veulent avoir « du grain à moudre » ; il en va de même pour les « partenaires sociaux », organisations patronales et salariales : les modifications apportées au système de protection sociale et à son financement constituent une part conséquente de leur activité. Certes, il est peu probable qu'un président de la République, un ministre, un parlementaire, avoue qu'il travaille à traficoter toutes sortes de dispositifs, dont les cotisations sociales, pour que lui-même ait l'impression d'agir, et que les citoyens croient que leurs dirigeants dirigent, mais c'est la réalité. Chaque homme politique, chaque parti, veut faire parler de son « action au service du peuple », et pour cela légiférer et réglementer à tour de bras. D'où la multiplication des changements inutiles, d'autant plus nombreux dans le domaine de la protection sociale qu'il s'agit d'un domaine « *on the spot* », dont les citoyens voient l'intérêt et souhaitent l'amélioration.

Au point de départ, les initiatives vinrent des employeurs. Jadis, les travailleurs indépendants avaient des guildes et autres associations destinées pour une part à les protéger contre les malheurs de la vie. Ceux d'entre eux qui employaient des « compagnons » mirent en place des organisations permettant de leur assurer, à eux aussi, une certaine protection contre les risques de l'existence. Quand les manufactures firent leur apparition, ouvriers et employés furent parfois traités très durement, mais des patrons « sociaux » cherchèrent le moyen de leur procurer des dispositifs protecteurs autres que l'assistance aux malheureux pratiquée depuis longtemps par les institutions ecclésiales. Les sociétés de secours mutuel se différenciaient des institutions de bienfaisance : elles demandaient à leurs membres de cotiser dans une optique assurantielle.

Le patronat vit le parti qu'il pouvait tirer de cette évolution *de la charité médiévale à la Sécurité sociale*, expression qui constitue le titre d'un bon ouvrage sur cette question. Il voulut obtenir simultanément deux résultats : d'une part, responsabiliser les salariés en les faisant cotiser ; d'autre part, adopter une posture de bienfaiteur en apportant visiblement son écot. Economiquement, la participation des employeurs (cotisations patronales) constituait une fraction de la rémunération des salariés, tout comme leur salaire brut. Mais juridiquement, socialement et psychologiquement, c'était un apport volontaire du patron, manifestation de sa générosité.

Sans exclure la possibilité que certains patrons réellement généreux aient réduit leur marge bénéficiaire en payant ces cotisations, il est hautement probable que, globalement, le patronat n'a pas agi contre ses intérêts. Bien au contraire, il tirait avantage du fait qu'il était considéré comme généreux, prélevant sur ses deniers pour secourir les travailleurs, alors qu'en réalité les créations et augmentations de cotisations patronales s'imputaient le plus souvent sur la croissance des salaires. Les importants gains de productivité réalisés au fil des ans rendaient possible une augmentation conséquente du coût de la main-d'œuvre, augmentation répartie entre salaire brut et cotisations patronales. Economiquement, réellement, les cotisations dites patronales n'ont jamais été que des cotisations salariales déguisées, prélevées comme les cotisations salariales sur la rémunération des salariés ; mais juridiquement et pour l'opinion publique elles ont passé, et elles passent encore, pour une « charge » pesant spécifiquement sur les entreprises.

Résultat : la réalité économique est occultée par une législation onirique

Ce mensonge relatif aux cotisations officiellement patronales a été érigé en vérité coulant de source. La magie du verbe a suffi pour faire croire à la plupart des personnes qui s'occupent de ces questions qu'il y a deux contributeurs alimentant en parallèle (comme on dit pour les circuits électriques) les organismes de protection sociale. En réalité, il existe bien deux contributeurs[4], mais en ligne, pas en parallèle : l'employeur, qui débourse l'intégralité de la rémunération des salariés, et donc des cotisations, qu'elles s'appellent patronales ou salariales ; et les salariés, qui ne paient visiblement, juridiquement, que les cotisations salariales, mais dont la rémunération est en fait le salaire super-brut, sur lequel sont prélevées toutes les cotisations, patronales aussi bien que salariales.

Nous avons là un bel exemple de magie juridique, qui dissimule la réalité économique et amène la majorité des acteurs à utiliser des notions purement imaginaires. Ce phénomène ressemble à celui que nous exposons fréquemment à propos des retraites par répartition : une fiction juridique permet d'attribuer les droits à pension au prorata des cotisations versées pour entretenir les retraités actuels, alors que lesdites cotisations n'ont pas la moindre utilité pour préparer les pensions futures, puisqu'elles ne sont pas épargnées et investies, mais intégralement dépensées, au fil de l'eau, au profit des retraités actuels.

Le droit positif a, dans ces deux domaines, été construit en opposition avec la réalité ; il procure des droits à pension totalement arbitraires, et donne aux représentants des entreprises un statut de partenaires sociaux fondé sur une mauvaise raison : le versement de cotisations prétendument patronales, alors que la bonne raison est la place de l'entreprise à l'origine de la totalité des revenus salariaux, y compris bien entendu les cotisations sociales. Là encore, les circuits

---

4 On pourrait aussi dire « trois », en commençant par le client, sans lequel l'entreprise n'aurait aucun revenu.

électriques fournissent une comparaison éclairante : si les chefs d'entreprise et les salariés sont partenaires sociaux c'est parce qu'ils sont les uns et les autres, conjointement, à l'origine de la production, et donc du revenu ; c'est leur rôle de générateur électrique qui importe, pas le rôle mythique que des législateurs leur ont attribué en tant que fils conducteurs, les uns d'un courant d'origine soi-disant patronale, et les autres d'un courant d'origine soi-disant salariale.

Que faire ?

Il est indispensable que le législateur mette la loi en harmonie avec la réalité économique. La plupart des cotisations patronales doivent donc être supprimées et remplacées par un accroissement des cotisations salariales. La distinction entre salaire brut et salaire super-brut (salaire brut plus cotisations patronales) n'aura plus de raison d'être : seule subsistera la notion de salaire brut, correspondant à l'actuel salaire super-brut.

Ce changement n'affectera ni les organismes employeurs, ni les salariés : les premiers ne débourseront ni plus, ni moins ; et les seconds ne recevront ni plus, ni moins. Les fiches de paie seront nettement plus simples : la colonne « cotisations patronales » disparaîtra. De plus, on pourra en profiter pour réduire le nombre de cotisations et « contributions », en effectuant des regroupements.

Enfin la vérité sur les rémunérations et leur usage

La grande vertu de l'opération sera de faire prendre conscience aux salariés de l'importance réelle de leur rémunération (qui est le salaire actuellement dit « super-brut »), et de l'énormité du prélèvement social qu'ils supportent. Actuellement, ils sont incités à croire qu'augmenter encore et encore les prestations sociales est possible sans que leur revenu disponible en soit affecté, dès lors que seules les cotisations patronales seraient majorées. Cela est faux, parce que les employeurs soumis à cette dépense supplémentaire sont évidemment enclins à compenser en freinant les augmentations du salaire brut. Mais ce n'est pas facilement perceptible par tout un chacun, si bien que les réticences très compréhensibles des chefs d'entreprise vis-à-vis des augmentations du salaire brut demandées peu après des augmentations de « charges patronales » sont comprises comme des refus d'augmentations qui leur étaient légitimement dues. Cela contribue bêtement à détériorer le climat social. Un bulletin de paie conforme à la réalité économique, c'est-à-dire indiquant clairement tout ce qui est prélevé sur la vraie rémunération du salarié (le super-brut, actuellement), clarifierait considérablement les rapports entre employeurs et salariés.

Parmi tout ce qui serait à faire dans le cadre d'une réforme destinée à manifester la vérité actuellement occultée, indiquons simplement combien il serait utile de remplacer les diverses « contributions » par des cotisations en bonne et due forme. Ces prélèvements, comme la chauve-souris de Jean de La Fontaine, peuvent être présentés soit comme des impôts (oiseaux), soit comme des cotisations (souris), selon la personne à laquelle on s'adresse. Remplaçons ces hybrides souris-oiseaux (cotisations-impôts) par de vraies cotisations si elles servent à ouvrir des droits ou à rembourser des apports antérieurement reçus, et par de vrais impôts si elles ne remplissent ni l'une ni l'autre de ces conditions.

En somme, faisons ce que le bon sens conseille pour y voir plus clair, pour nous débarrasser des faux-semblants qui parasitent le droit de la Sécurité sociale ; demandons aux juristes et aux économistes de travailler de concert ; et ne mettons pas « aux manettes », pour réformer notre chère *Sécu*, des personnes qui n'y connaissent rien. Plus facile à dire qu'à faire ? Certes, mais si on ne commence pas par le dire, quel espoir peut-il y avoir d'améliorer un jour notre système social ?

Des négociations salariales enfin rationnelles

Les discussions portent actuellement sur le salaire brut, notion qui a été vidée de toute réalité, car elle ne représente ni le coût du travail pour l'employeur qui achète ce travail, ni la rémunération du salarié. Celle-ci comporte trois composantes : le salaire net, crédité à son compte bancaire ; les droits sociaux qu'il acquiert au moyen de certaines cotisations sociales ; et une contribution au fonctionnement des éléments de protection sociale dont profitent d'autres personnes, particulièrement les retraités. La vraie rémunération du travail, c'est le salaire super-brut, sur lequel l'Etat et les organismes sociaux prélèvent de quoi faire fonctionner le système sanitaire et social dont bénéficie la population, et donc notamment les travailleurs.

La suppression des cotisations patronales, remplacées par un accroissement des cotisations salariales, clarifierait grandement les négociations entre employeurs et salariés ou candidats à un poste. Actuellement, l'employeur est à la merci d'augmentations de cotisations patronales venant majorer le coût du travail. Les organisations patronales sont seules à lutter contre de telles augmentations ; les organisations syndicales n'ont aucune raison de les soutenir, et peuvent assez logiquement avoir tendance à agir en sens inverse. En revanche, le jour où les augmentations de cotisations se traduiront sans la moindre ambiguïté et de manière quasiment automatique par une diminution du salaire net, les représentants des travailleurs seront en première ligne pour s'opposer à ces augmentations ou pour chercher à les maintenir dans les limites du raisonnable. Après une courte période d'adaptation à la nouvelle donne, les syndicats deviendront les partisans les plus pugnaces d'une modération dans la course vers toujours plus de droits sociaux. Par exemple, au lieu de plaider pour des départs en retraite précoces avec des pensions très confortables, comme ils le font actuellement en pensant « les entreprises paieront », les syndicalistes pas trop âgés privilégieront les solutions compatibles avec un niveau raisonnable de cotisations vieillesse.

Les difficultés classiquement rencontrées par les gestionnaires de la protection sociale tiennent pour une part importante au fait que le droit positif, dans ce domaine, a été largement formaté par une idéologie totalement déphasée par rapport à la réalité. Les cotisations patronales d'assurances sociales ne sont hélas pas la seule manifestation d'une tendance du législateur à se comporter comme Ubu-roi : la relation qui a été juridiquement établie entre les versements de cotisation vieillesse et l'acquisition de droits à pension, à laquelle nous allons maintenant nous intéresser, est un autre exemple de l'incroyable incompétence manifestée par le législateur français et par la plupart de ses homologues à travers le monde.

CHAPITRE 2

Le lien vicieux entre cotisations vieillesse et droits à pension

Le projet exposé par l'actuel président de la République française lorsqu'il était candidat avait toutes les apparences du bon sens : chaque euro de cotisation vieillesse donnerait lieu à l'attribution d'une quotité de points, la même pour tous ; cette quotité serait fixée, comme à l'AGIRC-ARRCO, par un prix d'achat du point. Ensuite, lors de la liquidation de la pension, le nombre de points de l'assuré social serait multiplié par un coefficient dit « valeur du point », et le cas échéant par un autre coefficient pour tenir compte de l'âge à la liquidation. Concrètement, une personne disposant de 1000 points ayant chacun une valeur de 2€ de pension mensuelle obtiendrait une pension de 2000€ par mois en liquidant sa pension à un certain âge – le fameux « âge pivot », selon la terminologie classique au niveau international – ou moins en partant plus tôt, ou plus en liquidant plus tard, selon un barème élaboré par les actuaires.

Sous forme algébrique, la pension mensuelle P devait donc être calculée (dans le projet d'E. Macron) comme produit du nombre de points N, de la valeur du point V, et d'un coefficient D fonction croissante de l'âge à la liquidation, selon la formule $P = N \times V \times D$.

Bravo, serait-on tenté de dire, c'est simple et élégant ! De plus, ce n'est pas dépaysant : l'ARRCO-AGIRC, système mis en place par les partenaires sociaux pour les salariés du secteur privé, fonctionne déjà presque de cette manière, ainsi que divers régimes complémentaires de plus petite taille.

Hélas, il y a un problème : c'est le mode d'acquisition des points. Et là, comme nous allons le voir, la solution retenue est catastrophique. De plus, le constat d'absurdité que nous allons faire vaut pareillement pour les systèmes par annuités, à commencer par celui qui est mis en œuvre dans le « régime général » français, celui des salariés du secteur privé. Le lien de cause à effet établi par la loi ou par une convention collective entre le paiement de cotisations vieillesse destinées à verser des pensions aux retraités actuels, et l'acquisition de droits à pension par les cotisants, est tout simplement une erreur monumentale qui rend quasiment impossible une bonne gestion et débouche sur une grande injustice.

Le fait que la plupart des pays développés aient adopté un système de retraite, dit « par répartition », dans lequel le versement de cotisations en faveur des « vieux » est la cause juridique de l'attribution de droits à pension aux travailleurs, ne signifie pas que ce lien soit économiquement fondé ; comme nous le verrons, son adoption quasiment universelle découle du fait que presque tous les Etats sont portés à se comporter comme les escrocs Charles Ponzi et Bernard Madoff, du fait qu'ils peuvent le faire en toute impunité.

Le théorème de Sauvy

Né en 1898, Alfred Sauvy fut un esprit indépendant, attaché aux faits, imperméable aux modes intellectuelles fortement idéologisées qui, trop souvent, prévalent en haut lieu. Il avait attiré l'attention, dans les années 1930, sur la nécessité de redresser la natalité française, et contribué, comme membre d'un cabinet ministériel, à l'augmentation des prestations familiales. A la Libération, il fut choisi comme créateur de l'Institut national d'études démographiques (INED), et il joua un rôle notable dans la priorité donnée à la politique familiale sous la quatrième République : le taux de la cotisation famille atteignit 16,75 %, plus que le total de 16 % alloué aux autres branches de la toute jeune Sécurité sociale.

Naturellement, en bon démographe travaillant aussi beaucoup dans le domaine économique, Sauvy expliqua que l'avenir du système de retraites français, passé de la capitalisation à la répartition en 1941, dépend de la natalité et de la formation des jeunes. Il utilisa pour ce faire, dans un de ses nombreux ouvrages (*La tragédie du pouvoir*, Calmann-Lévy, 1978), une formule que sa simplicité et son réalisme m'ont conduit à dénommer le *théorème de Sauvy* : « Nous ne préparons pas nos retraites par nos cotisations, mais par nos enfants. » Une controverse avec la femme de lettres et journaliste Claude Sarraute illustre fort bien l'erreur communément commise et la réalité des choses.

L'affaire commença par un billet de Claude Sarraute paru dans *Le Monde* : elle s'y déclarait agacée par les cris d'alarme que poussait alors Sauvy en constatant la fin du baby-boom. En particulier, elle réfutait la crainte du démographe relative à l'avenir des retraites, disant en substance : « J'ai régulièrement cotisé, j'ai des droits, le moment venu j'aurai ma pension ». Alors retraité, Alfred Sauvy lui répondit, sous forme d'un billet dans le même quotidien, à peu près ceci : « Madame, vous cotisez, j'en suis fort aise, car la Caisse me reverse vos cotisations, et je vous en remercie. Mais je les dépense intégralement et je ne vois pas comment elles pourraient vous servir quand vous prendrez votre retraite. En revanche, vous serez heureuse qu'il y ait eu des naissances cette année, car ce sont ces bébés, devenus des travailleurs, qui verseront les cotisations grâce auxquelles vous percevrez une pension quand vous serez devenue âgée. » Raisonnement irréfutable, tout comme la formule-théorème « en répartition, nous ne préparons pas nos pensions par nos cotisations, mais par nos enfants ».

Claude Sarraute était politiquement et juridiquement correcte : son point de vue, bien que dépourvu de pertinence scientifique et de simple bon sens, l'emporta donc haut la main. Il n'empêche que la retraite par répartition fonctionne grâce à ce que l'économiste appelle l'investissement dans la jeunesse : la conception et la mise au monde des bébés, les apports réalisés pendant une vingtaine d'années par les parents – y compris la tendresse, indispensable « vitamine mimi », comme l'expliquait mon professeur de sciences naturelles quand j'étais lycéen – et bien sûr les impôts et cotisations versés pour soigner et instruire enfants, adolescents et étudiants. *Pas d'enfants, pas de retraite* : la réalité est implacable. Même la capitalisation requiert un renouvellement des générations : que feraient les rentiers sans actifs pour faire tourner les entreprises et les administrations censées payer des dividendes et des intérêts à leur profit ? Le capital humain et le capital physique sont deux facteurs de production complémentaires.

Le sacre de Ponzi

Charles Ponzi fut un escroc à la petite semaine, en comparaison de son illustre successeur Bernard Madoff, condamné à 150 ans de prison en juin 2009 pour ses escroqueries financières. Néanmoins, les formules « pyramides de Ponzi » et « chaînes de Ponzi » servent toujours, parallèlement à leurs homologues se référant à Madoff, pour désigner une forme d'escroquerie : celle qui consiste à promettre aux déposants des intérêts plus que confortables, voir même prodigieux, qui sont effectivement payés rubis sur l'ongle grâce aux nouvelles souscriptions, jusqu'à ce qu'un incident amène la justice à examiner les comptes et à constater qu'au bilan les actifs sont très inférieurs aux engagements.

Chaque année, la presse fait écho à la découverte de nouvelles arnaques. Même aux Etats-Unis, pays dont on aurait pu croire les habitants vaccinés par le retentissement de l'affaire Madoff, la crédulité persiste : par exemple, le journal *Les Echos* nous apprenait dans son édition du 14 août 2017 que les pertes liées aux pyramides de Ponzi avaient atteint dans ce pays 2,3 Md$ en 2016. En France, en 2013, *Les Echos* du 24 octobre nous apprenaient la mise en examen d'un jeune trader pour une « escroquerie en bande organisée » de type « système de Ponzi ». Et la Chine s'y met, avec des montants dignes de sa taille : *Le Figaro* du 2 février 2016 titrait « Ding Ning, le Madoff chinois, a plumé un million d'épargnants », leur faisant perdre environ 6 Md€.

Bon nombre d'économistes américains expliquent que la *Social Security* – le système de retraites par répartition en vigueur aux Etats-Unis depuis 1935 – fonctionne comme un système de Ponzi. Si l'on remonte quelques années en arrière, le site officiel de la *Social Security* comportait une assez longue rubrique expliquant que, non, non, non, ce système de retraite n'est pas une pyramide de Ponzi. Cette rubrique a disparu : sans doute les dirigeants de cette institution assez en avance sur le système français, puisqu'elle comporte depuis son origine un régime unique, et qu'elle est formidablement redistributive[5], ont-ils jugé qu'il valait mieux ne pas mettre la puce à l'oreille des visiteurs du site en essayant de nier, comme le gamin gourmand qui apprend à sa maman qu'il a été chiper des bonbons en venant lui dire : « tu sais, Maman, j'ai pas pris de bonbons ». Quoi qu'il en soit, il est clair que les systèmes de retraites par répartition, que ce soit en France, aux Etats-Unis ou ailleurs, s'ils ne constituent pas exactement des chaînes de Ponzi, ont avec elles d'importants points communs.

En effet, tant que les titulaires de revenus cotisent et sont en nombre suffisant, les pensions sont payées, et payées selon la formule de Ponzi : le système rembourse avec intérêt les sommes jadis cotisées, en se servant pour cela des nouvelles cotisations au fur et à mesure de leur versement, conformément à la formule anglo-saxonne *pay-as-you-go*. Et la difficulté qui peut surgir est la même pour la *Social Security* que pour une chaîne de Ponzi : si l'afflux de nouveaux épargnants ou cotisants se tarit, il faut limiter les paiements (dans un cas les versements d'intérêts et remboursements, dans l'autre le montant des pensions).

L'avantage dont disposent les systèmes de retraite par répartition sur les systèmes de Ponzi privés, c'est leur caractère obligatoire, imposé par la loi. Si Bernard Madoff avait eu le pouvoir de légiférer pour contraindre les Américains à épargner auprès de ses fonds d'investissement, il n'aurait pas fait faillite.

---

[5] En cas de carrière complète, une première tranche de revenu, correspondant à peu près au salaire d'une caissière de supermarché, est remplacée à un pourcentage d'environ 70 % ; la tranche suivante l'est à 35 %, et au-delà le taux tombe à 15 %.

Un Etat peut « faire du Madoff » mieux que Bernard Madoff, malheureux « simple citoyen » qui ne dispose pas du pouvoir de contraindre ses concitoyens. Ponzi est mort et enterré en tant qu'homme, mais il existe toujours, en de multiples exemplaires, quasiment un par pays développé, en tant qu'Etat organisateur de retraites par répartition. La résurrection et le sacre de Ponzi forment conjointement un des phénomènes économiques et sociaux les plus importants qui existent sur notre planète ; quand nous nous intéressons aux retraites par répartition, c'est lui le principal phénomène que nous ayons à étudier.

Le colosse aux pieds d'argile

Un physicien suisse, David Cosandey, a publié en 2003 à L'Harmattan un petit ouvrage intitulé *La faillite coupable des retraites*, sous-titré « Comment nos assurances vieillesse font chuter la natalité ». J'y ai retrouvé, pour l'essentiel, une analyse que j'avais publiée initialement en 1983 dans la revue de l'INED, *Population*, sur « Le rôle du capital humain en matière de retraites et de prestations familiales », et que j'avais déjà développée dans deux ouvrages, *Quelles retraites en l'an 2000 ?* (Armand Colin, 1993), et *Retraites en péril* (Presses de Sciences Po, 1999), mais avec une attention particulière accordée aux effets négatifs des retraites à la Ponzi sur la propension à engendrer. Je citerai donc David Cosandey.

« Les cotisations, au fond, représentent ce que chaque actif doit à la génération précédente, qui l'a nourri et entretenu étant petit. Les cotisations représentent donc un remboursement vis-à-vis des anciens, et ne devraient engendrer aucune créance vis-à-vis de la génération suivante. Ce qui doit servir de base de calcul pour la pension à recevoir des plus jeunes, dans un système équitable, ce sont les dépenses consenties pour la génération suivante : les frais d'entretien, d'éducation et de soins apportés aux futurs cotisants. »

Ces quelques lignes contiennent l'essentiel de ce que devraient savoir le ministre des affaires sociales et les parlementaires chargés, le premier de présenter un projet de loi relatif aux retraites, et les seconds de « rapporter » sur ce projet.

Hélas, la récente préparation, en France, d'un projet de loi retraite promis durant la campagne pour les élections présidentielles, a montré que ni à la Présidence de la République, ni au Gouvernement, ni au Ministère des affaires sociales, ni au Parlement, il n'existe quelqu'un disposant à la fois des connaissances requises concernant le fonctionnement des retraites par répartition et de la capacité à faire entendre sa voix.

L'influence des retraites Ponzi sur la natalité

David Cosandey explique que, dans un système de retraites de type Ponzi, « les anciens peuvent recevoir sans avoir donné, peuvent être entretenus par la jeune génération sans jamais l'avoir jamais entretenue eux-mêmes. En pratique, les non-parents peuvent vivre aux dépens des parents. » Mon collègue économiste Michel Godet a exprimé cela en expliquant que la formule gagnante est deux salaires et zéro enfant[6] : elle permet de vivre confortablement, à la retraite, sans l'avoir réellement préparée. Certes, cette formule comporte un peu d'exagération : dans un pays comme la France, les personnes sans enfant financent comme tout un chacun le système scolaire et universitaire, l'assurance maternité, l'assurance maladie des enfants et la politique familiale, c'est-à-dire une part non négligeable de l'investissement dans la jeunesse. Néanmoins, il est incontestable que le « retour sur investissement » est nettement plus élevé pour ceux qui n'ont pas d'enfant que pour les parents de famille nombreuse.

Faut-il en déduire que cette sorte d'exploitation de ceux qui ont davantage d'enfants par ceux qui en ont moins ou pas joue un rôle notable dans le sens de la réduction de la natalité ? David Cosandey franchit ce pas sans l'ombre d'une hésitation : selon lui, « le repli de la fécondité est d'autant plus marqué que les pensions sont plus grasses et plus indifférentes aux contributions réelles des assurés ». Sans doute convient-il d'être plus nuancé, de prendre en considération la joie que les enfants

---

[6] M. Godet utilise l'acronyme DINK : *Double Income, No Kid.*

apportent à leurs parents, le réconfort qu'ils leur procurent souvent durant leur vieillesse, mais cela atténue sans pour autant l'annuler la pertinence du raisonnement de Cosandey. Le développement des pratiques contraceptives, en rendant la « mise en route » d'un bébé plus dépendante d'une décision réfléchie, contribue à donner plus de poids au raisonnement économique basique fondé sur un rapport coûts/avantages.

Tournons-nous maintenant vers les statistiques démographiques. Il est incontestable que, partout où l'enfant n'est plus « le capital du pauvre », c'est-à-dire *grosso modo* dans les pays développés, la natalité a fortement reculé. Le cas chinois est à traiter à part, puisque la faiblesse de la natalité dans ce pays résulte pour une large part d'une politique de l'enfant unique imposée par un régime totalitaire[7]. En ce qui concerne les pays plus anciennement développés, les statistiques ne fournissent guère de démenti à l'idée d'une influence négative des retraites par répartition de type Ponzi sur la natalité. Les pays européens, les Etats-Unis, le Canada, ont tous une fécondité médiocre.

Certes, l'effondrement du taux de natalité américain entre 1960 et 1975 (de 3,7 à 1,7 enfant par femme !) ne saurait être imputé à la seule montée en puissance de la *Social Security*, mais on ne peut pas non plus écarter d'un revers de main l'hypothèse selon laquelle ce facteur aurait exercé une influence importante.

Au Japon, pays traumatisé par sa défaite militaire dans la deuxième guerre mondiale, le taux de 2 enfants par femme entre 1960 et 1970 a chuté jusqu'à 1,25 en 2005, avant de remonter vers un modeste 1,45 en 2016. Là encore, on ne saurait dire que le système de retraites japonais, pour modeste qu'il soit en comparaison de son homologue français, n'a joué aucun rôle.

L'Allemagne, après avoir atteint 2,5 enfants par femme en 1966, a régressé à 1,45 en 1976 et même 1,33 en 1983. Le petit redressement qui a suivi ne l'a pas menée au-delà de 1,50 en 2016.

---

[7] Le changement de politique récemment effectué en la matière n'a pas (pas encore ?) réussi à modifier fortement le comportement malthusien initialement imposé par le régime communiste chinois.

Certes, on peut trouver bien radicale l'affirmation de D. Cosandey en 2003 selon laquelle « le repli de la fécondité est en règle générale d'autant plus marqué que les pensions sont plus grasses et plus indifférentes aux contributions réelles des assurés ». Néanmoins, il s'agit d'une hypothèse qui n'a rien d'invraisemblable, et qui n'écarte nullement l'existence d'autres facteurs explicatifs. Il est donc difficile de ne pas s'étonner en constatant que les instituts outillés pour réaliser les tests économétriques requis, tels que, en France, l'INED et l'INSEE, ne s'en préoccupent guère.

L'absence d'études vraiment sérieuses que seules pourraient mener des équipes compétentes, pluridisciplinaires et bien outillées, montre l'incroyable légèreté de nos dirigeants, lesquels n'ont probablement même pas idée des renseignements scientifiques qui seraient vraiment utiles à l'exercice efficace de leurs fonctions. Faute de mieux, bornons-nous à rappeler l'essentiel du propos de David Cosandey relatif aux conséquences du caractère vicieux du lien établi par la plupart des législateurs des pays riches entre cotisations vieillesse et droits à pension : « Même en France, c'est aux parents qu'incombe l'essentiel de l'investissement en capital humain – l'investissement, mais pas le rendement… puisque ce rendement, les sécurités sociales le distribuent à tout le monde. […] Dans ce contexte, beaucoup de jeunes adultes décident de n'avoir aucun rejeton, ou un seul. Ils ne se montrent pas égoïstes ; ils font preuve tout simplement de bon sens. […] Ils suivent le chemin économiquement le plus favorable que leur trace le système en place. […] C'est ainsi que notre prévoyance aveugle fait chuter la natalité. » La mise en place d'une législation fondamentalement absurde des retraites par répartition dans la plupart des pays développés a des conséquences que, bien entendu, nos hommes politiques se gardent de faire étudier sérieusement.

La chute de la natalité est moins forte dans le cas français que dans bien d'autres, en raison notamment de la croissance du nombre de familles formées par des personnes immigrées, mais elle existe : 761 600 enfants étaient nés en France métropolitaine en 2002, année au cours de laquelle Cosandey a probablement commencé à écrire son livre, et le chiffre pour 2019 est 714 200.

Quant à l'évolution des prestations familiales entre ces mêmes années 2002 et 2019, elle est vraiment intéressante : selon les chiffres présentés par la Commission des comptes de la Sécurité sociale, de 2002 à 2019 les prestations familiales légales ont légèrement reculé en euros courants, de 32,2 Md€ à 31,3 Md€, tandis que les prestations légales de la branche vieillesse progressaient de 134 Md€ à 237,2 Md€, soit + 77 %. *No comment* !

CHAPITRE 3

La politique d'assistance aux familles

La famille est l'organe premier de l'investissement le plus important et le plus névralgique : la mise au monde, l'entretien et la formation des futurs travailleurs et géniteurs. Tout un chacun a un besoin vital de cet investissement, à la fois parce qu'un monde sans enfants serait affreusement triste, et parce que, comme il a été vu, « sans enfants pas de retraites » : la race humaine s'éteindrait avec la mort du dernier survivant, terminant probablement ses jours dans la misère, au milieu des restes de civilisations disparues.

Bien entendu, la formation initiale, assurée pour l'essentiel, en dehors de sa composante familiale, par les institutions d'enseignement, est le second volet, indispensable, de l'investissement en capital humain. Nous y reviendrons, et verrons que son financement est organisé de façon aussi peu intelligente que celui des prestations familiales.

Le bon sens pousse à répartir la charge de l'investissement dans la jeunesse

Le bon sens voudrait que la fonction d'investissement en capital humain remplie par les familles soit dûment reconnue, et que ce que l'on appelle la politique familiale consistât au premier chef à répartir la charge de l'investissement dans la jeunesse entre ceux qui ont beaucoup, ou peu, ou pas du tout d'enfants, de façon à ce qu'il soit aussi équitable de répartir le

« retour sur investissement », sous forme de pensions, entre toutes les personnes âgées, qu'elles aient élevé beaucoup, peu ou pas du tout d'enfants. C'est une idée qui semble avoir effleuré gouvernants et parlementaires durant la décennie qui suivit la Libération, mais sans qu'ils la formulent nettement, et *a fortiori* sans qu'ils l'inscrivent dans le texte d'une loi. Ensuite, cette idée s'est estompée au point de disparaître des sphères officielles au profit d'une politique d'assistance aux personnes et aux familles qui sont dans un état proche de la pauvreté, ce qu'on appelle « être dans le besoin ».

La conception « politique » de la famille : de l'estime à la commisération

Après avoir considéré les familles comme étant les bâtisseurs de notre avenir, les pouvoirs publics ont viré au misérabilisme et se sont intéressés à elles non plus pour ce qu'elles apportent au pays, mais en raison de leur propension à sombrer dans la pauvreté. Initialement, après la guerre 1939-1945, nos gouvernants posèrent l'équation « famille = avenir de la France » ; mais progressivement ils délaissèrent cette vision d'avenir au profit de l'équation « famille = risque de pauvreté ». Naturellement, la politique familiale n'est pas la même selon que le terme *famille* évoque un projet de renaissance, de construction d'un bel avenir, ou un fardeau, le drame de la pauvreté, et finalement un programme d'assistance.

Les parents de famille nombreuse ont majoritairement un problème budgétaire durant les années où ils ont des enfants « à charge », selon l'expression maladroite mais consacrée : exception faite des titulaires de très hauts revenus, les gains professionnels et les éventuels intérêts, dividendes, loyers et plus-values ne permettent pas de maintenir avec des enfants, surtout s'ils sont nombreux, le niveau de vie qui était celui du couple avant leur arrivée. Il faudrait par exemple, pour conserver le même « train de vie », disposer d'un logement de 150 m^2 au lieu de 80 m^2, d'un gros break au lieu d'une petite voiture, etc. Où trouver l'argent ?

En travaillant davantage ? Ce n'est pas vraiment le moment, en tous cas pas pour les deux membres du couple parental simultanément. Certes, il n'est pas rare que l'un des deux fasse alors un effort particulier en matière d'activité professionnelle, pour couvrir les frais supplémentaires inhérents à l'existence d'une progéniture, mais il ne faut pas que cela aille trop loin, car chaque enfant pâtirait de la présence insuffisante auprès de lui de son père (cas le plus classique) ou de sa mère. Et dans le cas, loin d'être exceptionnel, d'une famille monoparentale, on voit mal le parent isolé mener de front une activité professionnelle poussée au maximum, et sa fonction parentale.

L'aide aux familles, nouvelle foi du charbonnier

Les familles comportant des enfants à charge, pour ne pas sombrer dans la pauvreté, ont donc besoin de recevoir des prestations, en argent ou en nature. Or, dans l'imaginaire collectif, recevoir une prestation ne constitue pas la contrepartie d'un service rendu, mais une aide apportée à des personnes qui se sont mal débrouillées dans la vie. « Pauvres gens qui n'ont pas su pratiquer une contraception efficace, et qui du coup ont besoin d'être aidés » : la dynamique de la commisération s'est enclenchée. La planète des idées politiquement correctes, celle sur laquelle les hommes politiques ont établi leurs principaux campements, s'est éloignée de la planète du réalisme.

Le dogme, selon lequel les prestations familiales sont une aide, a fait l'objet d'une sorte de foi du charbonnier – une croyance dont les considérations rationnelles et les raisonnements économiques peuvent très difficilement venir à bout. Quelques personnes plus lucides ont certes expliqué que, sans les enfants mis au monde et élevés par celles et ceux que les malthusiens considèrent comme de malheureuses lapines et d'inconséquents lapins, il n'y aurait ni retraites ni avenir, mais ce fut peine perdue : dans la controverse entre Claude Sarraute et Alfred Sauvy mentionnée au chapitre 2, le démographe avait pour lui la science et le bon sens, mais la journaliste surfait sur la vague de la croyance au pouvoir en quelque sorte surnaturel des lois. Dans la lutte entre la raison et la superstition, la seconde est souvent gagnante.

L'articulation entre vie familiale et vie professionnelle

Les personnes qui mettent des enfants au monde désirent en majorité s'en occuper personnellement pour une part conséquente, particulièrement lorsque ces enfants sont encore tout jeunes, et nul ne saurait affirmer – sauf s'il est sous l'influence d'une idéologie collectiviste – que la présence maternelle et paternelle, les soins et les jeux parentaux, ne sont pas, à quelques exceptions près, une excellente chose pour le développement des bébés et des enfants. L'intérêt collectif étant d'avoir des jeunes équilibrés et correctement élevés, l'activité professionnelle devrait donc idéalement être rendue compatible avec le rôle parental.

Or, dans la majorité des cas, l'articulation entre la vie familiale et la vie professionnelle n'est pas facile, surtout s'il y a un enfant très jeune, et *a fortiori* s'il y en a plusieurs. Cette articulation a besoin d'être facilitée par des mesures *ad hoc*, tout autant dans l'intérêt général, celui du pays et de l'ensemble des citoyens, que pour le bien-être des membres de la famille. Parler à ce propos d'une « aide » est faire preuve d'incompréhension des enjeux : la Nation, tout comme chacun des citoyens qui la composent, a intérêt à ce que les enfants soient bien éduqués, à ce que leurs parents aient le temps et les moyens requis pour leur témoigner leur affection et les accompagner dans leur voyage du berceau à l'âge adulte.

Néanmoins, la conception dominante et le droit positif accordent la priorité – une écrasante priorité – à la production sur la reproduction. Dans la psychologie collective, favorisée par des hommes politiques prompts à plébisciter tout ce qui a une apparence de modernité, exercer une activité professionnelle est plus valorisant que s'occuper de ses enfants. Bien que les progrès de la puériculture soient largement aussi importants pour l'humanité que ceux de l'informatique ou du transport aérien, pianoter sur un clavier d'ordinateur ou servir un jus de fruit aux passagers d'un vol transatlantique paraît être un vrai métier en comparaison de l'activité consistant à changer un bébé ou à lui faire boire son biberon.

En réalité, comme le savent bien la majorité des femmes et une importante minorité des hommes, jouer un rôle clé dans l'apprentissage de la vie par un nourrisson, puis un jeune enfant, puis un adolescent, est une fonction passionnante qui demande beaucoup de savoir-faire. L'articulation entre la fonction parentale et l'activité professionnelle est, dans la majorité des cas, possible et enrichissante, pourvu que la seconde puisse bénéficier d'une organisation assez souple. Sur ce point, la politique familiale est particulièrement défaillante : l'Etat devrait dédommager les entreprises qui engagent des frais, dans l'intérêt de la nation, pour rendre le travail professionnel compatible avec les responsabilités parentales. Il est incroyable que cette forme de soutien à la fois à l'activité économique classique et à l'investissement dans la jeunesse ait, pour l'instant, été si peu développée.

Pourquoi répartit-on si mal la charge de l'investissement dans la jeunesse ?

Les enfants devenus des adultes éduqués, formés et compétents, sont les principaux « bâtons de vieillesse » de la génération de leurs parents. La politique familiale a pour objet de faciliter la vie des ménages avec enfants. Economiquement parlant, il s'agit de répartir les contributions à l'investissement dans la jeunesse entre ceux qui ont beaucoup d'enfants à charge et ceux qui en ont moins ou n'en ont pas : les uns contribuent « en nature », les autres contribuent en argent, et tous devraient en tirer profit. Hélas, le législateur français – qui n'est pas le seul ! – n'a pas assimilé la notion d'investissement dans la jeunesse et son rapport étroit avec la préparation des retraites, si bien que les contributions en argent au bénéfice des contributeurs en nature, les mères et pères de famille, sont fortement sous-dimensionnées. Nos gouvernants et parlementaires n'ont pas compris que le travail professionnel n'est pas la seule activité qui « mérite salaire », sous une autre forme que le salaire classique, à savoir des prestations familiales d'un montant convenable, attribuées non pas en raison de la pauvreté du bénéficiaire, mais des services qu'il rend à ses concitoyens en élevant les enfants qui, ultérieurement, cotiseront pour leurs retraites.

L'organisation « en silos » des différentes branches de la Sécurité sociale et du système de formation initiale est un signe important de cet aveuglement : les liens naturels qui existent entre la politique familiale, l'enseignement et les retraites ne sont pas compris, si bien que la législation et la réglementation de secteurs vitaux sont élaborées en l'absence des bases conceptuelles adéquates. Nous y reviendrons au chapitre 6.

Appelle-t-on « aide » ou « assistance » l'argent qui est crédité chaque mois au compte d'un salarié ? Les honoraires versés à un médecin ou à un architecte sont-ils des « aides » ? Quand on rend des services, il est normal de recevoir une contrepartie : cela s'appelle l'échange, et c'est une des bases de notre civilisation comme de notre économie. Les parents rendent service à l'ensemble des citoyens en assurant une partie importante de l'investissement dans le capital humain : il est donc normal que ceux qui ne sont pas en train de faire la même chose leur apportent une contribution, puisqu'ils entendent bien tirer profit de cet investissement sous forme de pensions de retraite.

Il est inéquitable et sot de ne pas répartir la charge de l'investissement dans la jeunesse entre ceux qui ont plus d'enfants que la moyenne et ceux qui en ont moins. Certains contribuent davantage « en nature », par leurs enfants ; rien ne va plus si les autres ne contribuent pas davantage « en argent », en cotisant davantage pour la formation initiale et pour les prestations familiales. Les parents de famille nombreuse devraient obtenir des droits à pension en raison de ce qu'ils font pour leurs propres enfants, qui verseront des cotisations vieillesse pour toutes les personnes âgées, et non pour leurs seuls parents. Quant aux personnes n'ayant pas d'enfant ou en ayant un seul, ils devraient obtenir de tels droits surtout en raison de leur participation financière au fonctionnement de l'Education nationale et de la branche famille de la Sécurité sociale.

Gravité de la situation au niveau planétaire

Que le législateur et le gouvernement, stakhanovistes quand il s'agit de produire en quantité industrielle des lois et des règlements inutiles, voire contraires à l'intérêt du pays et de la planète, ne se préoccupent pas d'organiser équitablement l'échange entre ceux qui élèvent beaucoup d'enfants et ceux qui en ont peu ou pas du tout, est une véritable catastrophe nationale, européenne (L'Union européenne, en la matière, est aux abonnés absents), et mondiale.

Mondiale, car la surproduction de bébés dans certaines régions du globe où les ressources disponibles ne permettent pas de les élever dans de bonnes conditions, combinée à l'insuffisance de la natalité dans les pays « riches », est pour notre planète une véritable bombe à retardement. *Le Monde* du 30 janvier 2020 indiquait que le Nigéria, passé de 38 millions d'habitants en 1950 à 190 millions en 2018, atteindrait probablement, selon l'ONU, 410 millions en 2050 : une fécondité de 5,5 enfants par femme, associée à une forte baisse de la mortalité, et notamment de la mortalité infantile, produit des effets spectaculaires ! Nul ne sait gérer la situation actuelle, et nos dirigeants agissent comme si le *benign neglect* suffisait à résoudre les problèmes à venir !

L'échange est au cœur du fonctionnement de nos sociétés ; la Sécurité sociale construite sans référence à l'échange équitable, de manière typiquement bureaucratique, est une aberration dont nous subissons les désagréables conséquences. En fait partie une retombée de l'insuffisance de la natalité, qui elle-même résulte pour une large part de notre larmoyante politique familiale : l'impossibilité, des décennies plus tard, de verser de confortables pensions de retraite sans prélèvements exagérés sur les actifs. Economiser sur la politique familiale conduit fatalement, par la suite, soit à verser des pensions maigrelettes, soit à conférer un caractère confiscatoire aux taux de cotisation vieillesse. Mais combien d'hommes politiques se soucient des conséquences à long terme de leurs actions, exception faite – surtout en paroles – des émissions de gaz à effet de serre et de la pollution plastique ? Ces phénomènes ne doivent certes pas être négligés, mais il ne faut pas qu'ils deviennent des marottes occultant d'autres problèmes tout aussi importants à long terme.

La politique d'assistance aux familles ne leur rend pas justice

Le point de vue économique est prosaïque mais indispensable : si les parents ne sont pas à même de remplir correctement leur rôle, faute de dispositions appropriées prises par les autorités publiques, c'est l'avenir même du pays qui est sacrifié, tout comme si l'on cessait de renouveler et d'entretenir les infrastructures, les routes, les biens meubles et immeubles, les machines, les champs et les bois, et plus généralement tout ce sur quoi nous comptons pour vivre correctement.

A cet égard, il existe une source d'information importante : les témoignages et analyses en provenance des psychiatres qui sont appelés à la rescousse lorsqu'une grave défaillance parentale aboutit à ce que des enfants soient « barbares », pour reprendre l'expression d'un spécialiste[8] qui a beaucoup réfléchi à partir de sa pratique médico-sociale. Mais ne nous limitons pas aux graves défaillances parentales qui requièrent les services de tels spécialistes : la qualité de l'éducation parentale est, de manière générale, primordiale pour la bonne marche du pays et le bonheur de sa population.

La famille est le lieu de production du capital humain, qui n'est pas fait que de connaissances scolaires, mais de compétences multiples ainsi que de « savoir-vivre » et de « savoir être ». Or ce ne sont pas seulement les parents, mais tous les citoyens, qui pâtissent de la mauvaise éducation et de la piètre formation de certains enfants, et qui – inversement – tirent bénéfice de la bonne éducation de certains autres. Le rôle des parents n'est pas purement privé, il s'en faut de beaucoup ! Tout le monde a intérêt à ce que les enfants – idéalement tous

---

[8] Le docteur Maurice Berger. Voir notamment, les deux ouvrages suivants de ce praticien qui publie courageusement ses analyses, : *Voulons-nous des enfants barbares ?* (Dunod, 2008) ; et *Sur la violence gratuite en France ; Adolescents hyperviolents, témoignages et analyses* (l'Artilleur, 2019).

les enfants – soient bien préparés, corporellement, psychiquement et intellectuellement, à tenir un rôle utile dans l'économie et dans la société, et à se comporter correctement.

Quand on a compris cela, il coule de source que l'Etat, ou un organisme *ad hoc* créé par lui, la Sécurité sociale, a le devoir de répartir entre tous les citoyens le coût de l'entretien et de l'éducation des enfants, pour que tous puissent légitimement demander aux adultes que seront devenus ces enfants de leur donner (sous forme de pensions et d'assurance maladie[9]) une part de leurs gains professionnels. Les « règles de juste conduite », pour reprendre l'heureuse expression utilisée par Friedrich A. Hayek[10], excluent qu'une fraction de la population participe peu à l'investissement dans la jeunesse mais en retire plus de bénéfices que ceux qui ont apporté une forte participation. Il n'y a pas de justice quand certains moissonnent où ils n'ont pas semé, ou inversement tirent les marrons du feu pour que d'autres s'en régalent : l'échange équitable est une des bases de la civilisation.

Cela nous ramène au chapitre précédent : l'attribution de droits à pension au prorata des cotisations versées au profit des personnes âgées est une monstruosité économique. Cette captation des fruits de l'investissement dans la jeunesse par des personnes qui, pour certaines d'entre elles, y ont peu participé, que ce soit « en nature » ou en argent, est une injustice majeure, au détriment des investisseurs. Pour que notre système social soit équitable, il faudrait que les droits à pension aillent à ceux qui ont préparé lesdites pensions, c'est-à-dire à ceux qui ont investi dans la jeunesse, que ce soit en exerçant des responsabilités parentales ou en finançant la branche famille de la Sécurité sociale, les institutions scolaires et universitaires, l'assurance maladie des enfants et l'assurance maternité.

La politique familiale actuelle est principalement l'organisation de prestations aux familles nécessiteuses en raison de leur pauvreté, et non en raison des services qu'elles

---

9 On oublie trop souvent que l'assurance maladie des personnes âgées est payée en grande partie par les actifs.

10 *Droit, législation et liberté*, 3 volumes, PUF 1979 pour la traduction française.

rendent à leurs concitoyens et à la nation. Une telle politique est foncièrement humiliante, inadéquate et injuste. Donner un peu d'argent à quelqu'un parce qu'il est pauvre, alors qu'il remplit des fonctions d'une utilité névralgique, méritant une contrepartie, est aux antipodes de la justice sociale et de l'organisation économique rationnelle. Notre politique familiale reproduit ce que faisaient jadis certains patrons : ceux qui payaient leur personnel « avec un lance-pierre », comme on dit familièrement, et confiaient à leurs épouses le soin de distribuer des subsides – des « aides » - aux familles de ces salariés en utilisant une fraction de l'argent qui aurait dû, en bonne justice, leur être versé au titre de salaire.

De nos jours, le Législateur a donné pour mission principale à la « branche famille » de la Sécurité sociale de verser aux familles pauvres, à titre d'aumône, comme une dame patronnesse, une fraction de l'argent qui devrait en bonne justice leur revenir au titre du partage des rôles, en matière d'investissement dans la jeunesse, entre ceux qui ont des enfants à charge et ceux qui n'en ont pas, ou en ont peu, ou n'en ont plus.

Cette façon de faire n'est pas seulement moralement scandaleuse ; elle est aussi le signe d'une grave incompréhension, par les Législateurs – et donc par les Gouvernements, puisque ce sont eux, en France et dans beaucoup de pays, qui ont l'initiative de la plupart des lois – de ce qui justifie le versement de prestations familiales : parfois, certes, la pauvreté – bien sûr, nul ne doit mourir de faim dans un pays civilisé – mais surtout, la plupart du temps, le service rendu au pays en lui donnant de jeunes citoyens.

Des prestations en peau de chagrin

La politique familiale française actuelle est misérabiliste et paternaliste, à la différence de celle des années 1945 à 1960 environ, dont le natalisme (un peu « brut de décoffrage », certes, mais c'est un défaut mineur) reconnaissait les prestations en tant que budgets alloués à des entités effectuant un investissement essentiel pour l'avenir du pays. Elle est aussi d'une pingrerie à peine croyable : alors qu'à la sortie de la guerre 1939-1945, conscient de la nécessité de redynamiser le pays, et donc sa démographie, les prestations familiales furent financées par une cotisation sur les salaires au taux de 16 %, puis 16,75 %, nous en sommes maintenant à 3,45 % (plus 1,8 % sur la fraction de salaire dépassant 3,5 SMIC, ce qui ne concerne pas des foules de travailleurs).

Il aurait fallu qu'au natalisme un peu primaire de l'après-guerre succède une prise de conscience solidement basée sur l'économie du capital humain. Ce ne fut pas le cas, si bien que la politique familiale française, à l'heure actuelle, est réduite à un mince filet : 42,3 Md€ de prestations familiales en 2019, sur au total 488,2 Md€ de prestations de Sécurité sociale. Cette comparaison est d'ailleurs biaisée, car la branche famille supporte des prélèvements en faveur de la branche retraite qui ne sont pas déduites du montant indiqué, tandis que les 232,2 Md€ de la branche vieillesse de la *Sécu* ne concernent que les régimes de base, à l'exclusion des régimes complémentaires tels que l'ARRCO-AGIRC, et sont donc très en deçà des 350 Md€ de pensions versées compte tenu de ces régimes. Les prestations sociales servant à l'investissement dans la jeunesse représentent ainsi peu de choses en comparaison des prestations vieillesse.

Les modes de financement de la formation initiale sont archaïques et les sommes récoltées ne sont pas valorisées comme elles devraient l'être par une attribution de droits à pension

L'écart entre investissement dans la jeunesse et prestations vieillesse se réduirait évidemment si on ajoutait aux prestations familiales le budget de la formation initiale, mais l'organisation de la comptabilité publique rend hélas très difficile d'en donner une mesure convenable. En se basant sur l'indicateur « Dépense intérieure d'éducation », le montant de l'investissement en formation aurait atteint 157 Md€ en 2018. Si l'on prend simplement le budget de l'Education nationale voté par le Parlement, pour l'année 2019 les chiffres sont 72 Md€ pour l'enseignement scolaire et 25 Md€ pour l'enseignement supérieur (qui inclut la fonction recherche). Dans le flou qui prévaut hélas, une fourchette de 120 à 130 Md€ nous paraît pouvoir être avancée pour les sommes consacrées à la formation. Tel est l'ordre de grandeur de la partie de l'investissement dans le capital humain qui est financée sur fonds publics, sans que l'on puisse distinguer ce qui vient d'un prélèvement sur les actifs de ce qui provient des emprunts publics.

En dépit de leur manque d'adéquation aux réalités que nous étudions ici, les chiffres disponibles montrent que des sommes importantes provenant des impôts sont consacrées à l'investissement dans le capital humain, sans que les personnes qui les versent en soient récompensées sous forme de droits à pension. Si une cotisation jeunesse, dont le versement ouvrirait des droits à pension, était instaurée pour financer cet investissement, au lieu de bêtement recourir à l'impôt et à l'emprunt, les Français obtiendraient des droits à pension correspondant enfin à une réalité économique.

Le dividende versé en ponctionnant les résultats de cet investissement dans le capital humain qu'est la formation initiale est inclus dans la rémunération du travail, à savoir le salaire super-brut (voir le chapitre 1) ; il est gigantesque. Cet écart nous donne une idée de ce que les parents apportent au pays sans être payés de retour. Là se situe l'injustice de la politique familiale menée en France comme en bien d'autres pays dits développés : sa faiblesse implique une exploitation des parents de famille nombreuse par les personnes qui ne mettent au monde et n'élèvent que peu d'enfants, ou pas d'enfant du tout[11].

Les cotisations famille

Comme il a été indiqué plus haut, les cotisations requises pour ce qu'il reste de prestations familiales en France s'élèvent

[11] Cela ne signifie nullement que les personnes sans enfant soient toutes des égoïstes : beaucoup d'entre elles sont victimes des circonstances, d'autres sacrifient à une cause généreuse leur désir de fonder une famille.

à 3,45 % des salaires bruts, plus 1,8 % sur la fraction des salaires supérieure à 3,5 SMIC : la comparaison avec les 16,75 % de l'après-guerre suffit à comprendre la décrépitude de la branche famille.

Un regard sur *l'Annuaire rétrospectif de la France, 1948-1988*, montre qu'en 1953, première année pour laquelle nous disposons de tous les chiffres, les prestations familiales atteignaient 5,9 MdF, à comparer à 1,5 MdF pour l'assurance vieillesse, et 2,2 MdF pour la maladie et les accidents du travail. La branche famille, à elle seule, représentait donc bien plus que l'assurance vieillesse et l'assurance maladie réunies (rapport de 1,59 à 1).

A cette époque, les pouvoirs publics avaient compris le rôle essentiel de l'investissement dans la jeunesse pour le redressement du pays. Il ne s'agit évidemment pas ici de proposer un retour à la proportion entre les différentes prestations qui existait dans les années 1950, mais il est clair que rester dans la situation actuelle, qui privilégie fortement le confort de la vieillesse à l'investissement dans la jeunesse, conduit inéluctablement au déclin de la France.

Bien évidemment, si le versement des cotisations famille avait été le moyen pécuniaire d'obtenir des droits à pension, nous n'aurions pas assisté à cette formidable décrue. Le mensonge officiel, inscrit dans la loi, qui fait des cotisations vieillesse la cause juridique des droits à pension, est à l'origine du déclin des prestations familiales ; il a joué un rôle, difficile à quantifier mais certainement important, dans le changement qui s'opéra en France. Depuis le sursaut démographique qui eut lieu après la Libération et dura environ 25 ans (le « baby-boom », avec un taux de fécondité compris entre 2,5 et 3 enfants par femme), jusqu'à l'effondrement de la propension à enfanter (taux de fécondité descendu de 2,5 enfants par femme en 1971 à 1,82 en 1978, et resté depuis à cet étiage ou légèrement en dessous).

A quels problèmes spécifiques la politique familiale doit-elle apporter une solution ?

La maman d'une famille africaine vivant encore de manière traditionnelle cultive son champ ou vaque aux travaux domestiques avec son bébé accroché sur son dos ou sur son giron, mais ce qui peut se faire dans un champ de manioc a rarement sa place dans un bureau, un atelier ou un cabinet médical. Il est donc nécessaire à la fois d'alléger la charge de travail professionnel des parents de jeunes enfants, et d'avoir recours à des services dits le plus souvent « de garderie », mais qui devraient avoir une dimension éducative importante, comparable à celle qui serait exercée si la mère ou le père, plutôt qu'une tierce personne, était à la manœuvre.

Alléger le travail professionnel pour que les parents puissent consacrer davantage de temps à leurs enfants, fort bien, mais cela engendre des frais pour l'employeur (s'il accorde des réductions d'horaires sans diminution de gains professionnels) ou une rémunération réduite pour les salariés concernés, alors même que la présence d'enfants au foyer requiert des moyens supplémentaires. Le problème est sans issue si l'on continue à ne pas vouloir faire contribuer l'ensemble des actifs au financement d'un complément de rémunération versé à celles et ceux qui réduisent leur travail professionnel pour investir dans la jeunesse au bénéfice de tous leurs compatriotes.

Actuellement, l'employeur doit se débrouiller pour compenser par des embauches ou des « heures sup » la réduction du temps de travail accordée aux parents de tout jeunes enfants. Ce coût doit être mis à la charge de la branche famille si l'on entend que les « heureux événements » familiaux ne se transforment pas, pour les entreprises et les administrations, en évènements perturbateurs et désagréables.

En particulier, les derniers mois de grossesse, la période autour de l'accouchement, et les premiers mois après l'entrée sur scène de Bébé, sont difficiles pour de nombreuses entreprises, administrations et établissements d'enseignement, à commencer par les petites unités où la jeune maman peut difficilement être momentanément remplacée en interne. On comprend que beaucoup d'entreprises et d'administrations soient mécontentes des grossesses puis des naissances survenant chez leurs collaboratrices.

Il y a là un vrai problème, que la branche famille de la Sécurité sociale n'a pas pris à bras-le-corps. De ce fait, les femmes en âge de procréer sont assez souvent soumises à une pression professionnelle allant en sens inverse de leur désir d'enfant. Et s'il s'agit d'une micro-entreprise, par exemple une « affaire » strictement familiale ayant pour seuls travailleurs la femme et le mari, le problème à résoudre est encore plus difficile. Que la branche famille de la Sécurité sociale ne fasse quasiment rien pour faciliter la maternité en apportant un soutien efficace, dans ce domaine délicat, aux entreprises, associations et administrations, montre le degré de sous-développement de cette branche : centrée sur les problèmes de pauvreté, elle est devenue en grande partie une organisation d'assistance bureaucratique aux familles pauvres. Les problèmes ne sont pas traités à la racine ; en forçant le trait, on pourrait dire que la fonction des CAF, orientée à fond sur le « social », n'a plus principalement une visée familiale. Quant à l'objectif démographique, il est presque devenu politiquement incorrect de s'y référer.

Autrement dit, qu'il s'agisse des parents ou des employeurs, la venue au monde des enfants et ce qui s'en suit, ce que nous appelons l'investissement dans la jeunesse, a un coût. Or le bénéfice de l'opération est à long terme, et il prend principalement la forme de pensions, qui ne sont pas réservées aux parents et ne concernent que très indirectement les organismes employeurs. Il y a donc plusieurs sortes de dispositions à mettre en place pour répartir intelligemment et avec justice le poids de l'investissement dans la jeunesse. Nous en étudierons quelques-unes dans la seconde partie de cet ouvrage.

Les défauts de l'impôt sur le revenu

Les politiques familiales, y compris la politique familiale française, qui n'est pas la pire, sont généralement conçues comme des politiques d'aide aux familles, et non pas comme des dispositifs de répartition entre tous les citoyens du coût de l'investissement dans la jeunesse, afin qu'il soit juste de répartir de même les dividendes tirés de cet investissement.

En France, le financement fiscal de la scolarisation, de l'école maternelle à l'enseignement supérieur, combiné avec le système du quotient familial qui, à revenu égal du couple parental, fait payer moins aux foyers fiscaux qui comportent davantage d'enfants, va plutôt dans le bon sens. Nous verrons dans la seconde partie comment en tirer parti. Mais ce dispositif est loin d'être entièrement satisfaisant au regard des principes d'une juste politique familiale indiqués ci-dessus. Le problème est celui des soi-disant « effets du quotient familial », assimilés à des réductions d'impôts, assimilation conduisant au concept fumeux de « plafonnement des effets du quotient familial ».

Appliquer la notion de réduction d'impôt quand on étudie les effets du quotient familial n'est pas un choix rationnel, mais un parti-pris idéologique. Cette application est basée sur l'idée saugrenue selon laquelle une imposition équitable ne devrait pas tenir compte de la taille du foyer fiscal, ou plus exactement de la présence d'enfants. Cette pétition de principe n'est pas justifiée par ceux qui l'utilisent : ces personnes la font passer pour évidente, parce qu'ils en déduisent une méthode de calcul des « réductions d'impôt » détectées par leur imagination antifamiliale ou leur manque de logique – deux dispositions qui se combinent d'ailleurs facilement.

Reconnaissons que c'est assez astucieux : présenter un calcul fait sérieux, même si la formule de calcul est inadéquate pour mesurer le phénomène « avantage fiscal » dont ces antifamiliaux voudraient bien établir l'existence, alors qu'il n'existe que dans leur imagination. « Je la calcule, donc elle existe », tel est le « truc » utilisé par ces prestidigitateurs pour nous faire croire à l'existence d'une réduction d'impôt. Comment quelque chose dont on calcule le montant n'existerait-il pas ? Et ça marche !

Curieusement, les auteurs qui critiquent le système du quotient familial, exception faite de quelques partisans d'une imposition séparée des deux membres du couple, considèrent comme normale la mise en commun des revenus entre les deux conjoints, mais refusent que cette mise en commun s'étende aux enfants. C'est pour cette raison qu'ils parlent de « réductions d'impôt » que procurerait le quotient familial : les enfants devraient selon eux « compter pour du beurre », être assimilés à des animaux de compagnie que l'on entretient pour son plaisir, sans aucune utilité pour autrui ; à défaut, ils concèdent que le fisc, dans sa grande générosité, puisse « faire un prix » aux adultes qui ont des enfants à charge, tout comme on offre une réduction d'impôt aux contribuables qui font des dons aux bonnes œuvres (humanitaires, culturelles, scientifiques, etc.). Mais pour eux, fondamentalement, la formule du quotient familiale serait une faveur, et les faveurs doivent être limitées.

Cette façon de voir les choses a été maintes fois dénoncée, notamment par Alfred Sauvy, lequel expliquait tout simplement qu'à budget égal le niveau de vie diminue avec la taille de la famille, et donc avec le nombre des enfants à charge des parents, si bien que l'impôt équitable, dont le taux doit dépendre uniquement du niveau de vie du foyer fiscal, est celui qui résulte de la formule de calcul utilisant pleinement le quotient familial, sans plafonnement d'une soi-disant réduction d'impôts calculée par référence à une situation imaginaire, celle du couple sans ses enfants.

Raisonner dans ce cas en termes de réduction d'impôt signifie que l'on n'a pas compris grand-chose à l'équité fiscale. Cette incompréhension vient parfois d'un antagonisme envers la natalité, accusée d'être nocive pour l'environnement. Comme si le fait de souhaiter avoir en France légèrement plus de deux enfants par femme était plus grave pour la planète que d'en avoir 5 dans un pays sous-développé ! Des balivernes de ce genre, transformées en grandes idéologies, sont à l'origine du défaut de la fiscalité directe française qu'est le plafonnement du quotient familial.

On remarquera *in fine* que les pourfendeurs de la pleine intégration des enfants dans la formule de calcul de l'impôt sur le revenu ne discutent généralement pas le fait d'attribuer au couple deux parts de quotient, alors qu'en bonne logique (calcul de niveau de vie) un coefficient de l'ordre de 1,7 serait plus approprié. Pourquoi ? Nous sommes là confrontés à l'irrationalité de bon nombre d'hommes politiques, et à celle de soi-disant scientifiques, plus idéologues que chercheurs de la vérité, qui les conseillent.

Pour finir, notons simplement que l'attribution de deux parts (plutôt que 1,7) aux couples mariés ne se justifie pas par des questions de niveau de vie, contrairement aux demi-parts des enfants. Cette attribution existe parce qu'il serait curieux d'imposer plus fortement les couples mariés que ceux dont les deux membres ont des revenus sensiblement égaux et qui vivent en concubinage. Une autre raison d'attribuer deux parts au couple parental existera si, comme nous le proposons, l'actuel impôt sur le revenu est remplacé par un prélèvement social destiné à financer l'investissement dans la jeunesse : il ne s'agira plus alors d'un impôt, mais d'une contribution ou cotisation procurant des droits à pension, et dès lors les perspectives seront différentes. Nous y reviendrons dans la seconde partie, où sera faite une proposition allant dans ce sens.

CHAPITRE 4

Accidents du travail, maladies professionnelles, chômage, risques planétaires

L'assurance accidents du travail et maladies professionnelles, et l'assurance chômage, ne concernent que des évènements malheureux : rien à voir avec la branche famille des assurances sociales qui, très majoritairement, sert à faciliter quelque chose de tout-à-fait positif et sympathique, à savoir élever un ou des enfants dans des conditions convenables. Rien à voir non plus avec l'assurance vieillesse qui, en dépit de la malencontreuse expression « risque vieillesse », vise à faire profiter tout un chacun d'une longue période d'activités autres que professionnelles, après une quarantaine d'années, plus ou moins, de travail destiné à « gagner sa vie ».

Une seconde particularité vient, pour la couverture des accidents du travail (AT) et des maladies professionnelles (MP), de ce que cette branche AT-MP pratique une tarification basée pour une large part sur l'appréciation du risque encouru au niveau, sinon de chaque entreprise, du moins de différentes catégories d'entreprises. Nous regarderons plus précisément cette spécificité.

Nous élargirons aussi la réflexion à la prise en compte de risques qui dépassent le cadre national. On disait jadis « la patrie est en danger » ; aujourd'hui nous savons qu'à bien des égards la question de la protection contre les aléas de l'existence ne se limite pas à ce qui se passe dans un pays donné : bien des enjeux sont planétaires. Quelles que soient leurs origines, les changements climatiques et certains autres phénomènes affectent plus ou moins toute l'humanité, ou une grande partie du genre humain. Le traitement des risques ne peut pas être seulement national. La solidarité, c'est-à-dire ce qui nous rend solides, résistants aux épreuves, est une question en partie mondiale.

L'assurance AT-MP

Cette assurance est gérée, pour les salariés, par les caisses d'assurance maladie de la Sécurité sociale. Sa création est antérieure à celle de ces caisses : elle remonte à la loi du 9 avril 1898 qui a mis en place une présomption de responsabilité sans faute de l'employeur, impliquant que celui-ci s'assure pour être à même de payer ce dont il deviendra débiteur à l'égard de ses salariés victimes d'un accident du travail ou d'une maladie professionnelle. Cette assurance est donc financée, très logiquement, par une cotisation exclusivement patronale, dont le taux dépend de la sinistralité passée observée pour la branche à laquelle appartient l'entreprise. Les non-salariés peuvent souscrire une assurance volontaire auprès de leur caisse primaire d'assurance maladie, mais cette assurance, à la différence de celle des salariés, ne couvre pas la perte de revenu professionnel.

Les données relatives aux déclarations de sinistres montrent bien la spécificité de l'assurance AT-MP, très différente de l'assurance maladie. Un exemple le fera comprendre mieux qu'un long discours. Soit donc une personne qui ne se sent pas très bien, qui a mal à la tête ; cette personne va voir son médecin généraliste, qui ne lui trouve rien de sérieux et prescrit simplement un peu de paracétamol : l'assurance maladie lui rembourse, exception faite éventuellement d'un « ticket modérateur », le prix de la consultation et du tube de médicament, sans chercher à savoir si elle était bien fondée à consulter aux frais de la *Sécu* pour une légère et éphémère céphalée. En revanche, accidents et maladies professionnels donnent lieu à l'envoi de « déclarations » destinées à obtenir une prise en charge, et ces déclarations ne sont pas toujours suivies d'une décision favorable.

La démarche est d'ailleurs souvent abandonnée par l'accidenté (ou le malade) lui-même : sur 1 267 000 déclarations d'accidents du travail effectuées en 2018, seules 955 000 étaient complètes, ce qui veut dire qu'un déclarant sur quatre ne va pas au bout de sa démarche. La proportion est sensiblement la même pour les déclarations d'accidents de trajet et pour celles de maladies professionnelles. Et après cette « perte en ligne » sur les déclarations, la Caisse rejette 7 % des demandes relatives aux accidents, et 39 % de celles qui concernent les maladies professionnelles.

Après cette sélection, il y a quand même eu 1 095 000 sinistres reconnus en 2018, dont les trois quarts débouchent sur un arrêt de travail ou une reconnaissance d'incapacité. Au total, 63 millions de journées de travail ont « sauté » en 2018 pour accident de travail ou de trajet, ou pour maladie professionnelle, au titre d'une « incapacité temporaire ». L'invalidité permanente ne représente qu'une petite minorité des cas, mais elle concentre la moitié des 9 Md€ de prestations sociales versées annuellement par l'assurance AT-MP.

Bien des petites misères liées au travail professionnel sont probablement soignées aux frais de l'assurance maladie, le salarié trouvant que, pour soigner un petit bobo qu'il s'est fait au travail, aller voir son médecin traitant est plus simple que remplir un lourd dossier de prise en charge. L'assurance AT-MP tient d'ailleurs compte de cela en versant un montant global forfaitaire à l'assurance maladie. Saluons ce bon sens !

Une tarification ajustée à la diversité des risques encourus

Les différents métiers, et les différentes entreprises, administrations, hôpitaux, etc., présentent des risques très variés ; les taux d'accidentalité et de maladies professionnelles sont fort différents d'un établissement à un autre, et la gravité des accidents et maladies est également très variable. Le calcul des primes d'assurance qu'il est raisonnable de prélever en échange de l'indemnisation des conséquences de ces malheurs est donc délicat : la probabilité et la gravité de ces sinistres, comme les appellent les assureurs, doit être précisée autant que possible, de façon à ne pas faire porter à certains employeurs une charge excessive par rapport aux sinistres qui se produisent en moyenne dans leurs établissements, et symétriquement à ne pas favoriser par des tarifs trop bas des organismes qui, en fait, exercent des activités assez pathogènes ou accidentogènes.

L'un des buts poursuivis par l'assurance accidents du travail et maladies professionnelle est bien évidemment de contribuer à la prévention des risques. Si la garantie apportée n'est pas facturée suffisamment pour couvrir, bon an, mal an, les dépenses de l'assureur, les organismes employeurs ne sont guère incités à prendre toutes les précautions requises pour minimiser les risques, et donc les sinistres : ne pas s'en soucier suffisamment peut alors être rentable pour telle ou telle entreprise ! La tarification doit donc reposer sur une connaissance précise et fine des dangers encourus par les travailleurs – ce qui est plus difficile à faire qu'à dire.

Le problème de la tarification est particulièrement délicat dans une situation de forte concurrence internationale. En effet, pour les entreprises situées dans des pays où l'on fait peu de cas de la vie humaine et de la bonne santé des travailleurs, la modestie, voire l'absence, de la couverture des accidents et maladies du travail procure, au détriment du personnel, un avantage compétitif en termes de prix de vente et de marge bénéficiaire. Laisser à la charge des malchanceux et des moins habiles les dommages qu'ils subissent à l'occasion de leurs activités professionnelles permet aux entreprises de facturer moins. Dans les pays riches, dont la France, une meilleure couverture des risques professionnels, évidemment onéreuse, s'ajoute à une rémunération du travail plus élevée que dans les pays moins développés ; cela accentue le handicap concurrentiel des entreprises qui sont implantées dans les pays où les travailleurs sont bien rémunérés, et donc les délocalisations d'activité en direction des pays pauvres.

Il faut reconnaître que sacrifier ainsi les victimes d'accidents et de maladies professionnelles fait partie des moyens dont les pays pauvres disposent pour, progressivement, se rapprocher du niveau de vie des pays riches. Le malheur des uns fait parfois le bonheur des autres, mais doit-on s'en accommoder pour obtenir une croissance un peu plus rapide ? Les pays développés n'ont pas toujours globalement intérêt à cela, car ils subissent alors des pertes d'emplois dans les activités, particulièrement industrielles, les plus concurrencées par la montée en puissance du système productif dans des pays en développement peu soucieux de protéger les faibles et les malchanceux. Un des rôles de l'assurance chômage est de répartir le prix de ces évolutions entre ceux qu'elles impactent directement et fortement et ceux pour qui elles ne présentent guère d'inconvénients. Clairement, le risque de chômage pour un ouvrier n'ayant pas une compétence rare est plus élevé que pour un cadre connaissant bien un secteur d'activité en plein développement. L'assurance chômage, à laquelle nous reviendrons plus loin, doit en tenir compte, notamment en finançant certaines reconversions professionnelles.

Pour sommaires qu'ils soient, ces quelques constats et analyses montrent que les assurances chômage et AT-MP doivent être étudiées en tenant le plus grand compte de la mondialisation de l'économie, qui interconnecte des pays dont les niveaux de développement sont très divers.

Comment limiter les risques professionnels ?

En pratique, la tarification de l'assurance AT-MP s'adapte à la sinistralité (accidents et maladies d'origine professionnelle) constatée au niveau de chaque établissement occupant un nombre très important de travailleurs. Comme le remarque le classique *Droit de la Sécurité sociale* édité par Dalloz, grâce à cette manière de faire « les employeurs sont directement invités à déployer tous efforts utiles de prévention pour obtenir une réduction de leur cotisation ». Pour les entreprises de petite taille, en revanche, la tarification ne peut pas sérieusement être révisée chaque année sur la base des sinistres constatés : elle ferait des sauts de cabri et l'assurance ne remplirait plus son office de protection contre les aléas de l'activité professionnelle.

Pour les accidents du travail, le problème est immédiatement connu. Le coût des thérapeutiques, lui, peut s'étaler dans la durée, et il est alors délicat de l'estimer avant la fin des traitements. Pour les maladies professionnelles, le problème est encore plus délicat : dans le cas de l'amiante, par exemple, le risque a été constaté tardivement. En situation d'ignorance, comment aurait-on pu avoir l'idée de provisionner les sommes requises pour soigner et dédommager des victimes non encore identifiées et dénombrées ? Les assurances privées sont *ipso facto* mal outillées pour traiter les cas de ce genre : un risque dont on n'est pas conscient, qui ne se concrétise que longtemps après l'exposition aux facteurs délétères, est – pour des raisons techniques – du ressort de la solidarité nationale.

L'assurance classique fonctionne correctement quand le risque de sinistre et le coût des sinistres sont connus au moment où les travailleurs y sont exposés ; lorsque les conséquences désagréables n'étaient pas prévues et surviennent longtemps après l'exposition, puisqu'il n'était pas possible de faire payer *a priori* des primes d'assurance suffisantes au moment de l'exposition au risque, c'est à l'Etat de prélever *a posteriori* ce qui est nécessaire pour soigner et dédommager les victimes. Le recours aux assurances classiques a des limites. Le rôle des pouvoirs publics est déterminant lorsque font leur apparition les séquelles de situations dont le caractère « à risque » n'avait pas été perçu en temps voulu. La prise en charge par les assurances classiques requiert des informations disponibles en temps réel ; si les informations n'arrivent que longtemps après, la solution vient de la solidarité nationale.

Les sinistres non prévisibles statistiquement et ceux d'ampleur planétaire

Les malheurs de la guerre, et les conséquences de phénomènes climatiques ou telluriques imprévus, relèvent également d'une répartition de la prise en charge entre tous les membres de la communauté concernée. Mais il faut se préparer à l'imprévu, notamment en assainissant les finances publiques de telle sorte que les conséquences d'une catastrophe imprévisible, ou dont les coûts ne peuvent pratiquement pas être chiffrés à l'avance, puissent être prises en charge par l'Etat, voire par un ensemble d'Etats. L'endettement exagéré des pouvoirs publics, dû au fait qu'il est plus agréable pour les responsables politiques de ne pas demander à leurs administrés la totalité de ce que coûte le fonctionnement des services publics, est probablement l'obstacle le plus important au traitement des sinistres extraordinaires.

Considérons par exemple les problèmes liés à l'épidémie de covid-19 et ceux provoqués par la montée des océans, conséquence de la fonte des grands glaciers. Pour le coronavirus, le recours au confinement se traduit par une forte baisse de la production de biens et services, diminution qui affecte plus directement certaines entreprises et certaines personnes. Il convient alors de répartir les pertes de façon équitable entre les citoyens, ce qui peut difficilement être réalisé en augmentant les prélèvements sociaux ou fiscaux, du fait de l'attrition de l'activité économique. La solution qui semble, au moment où nous écrivons ces lignes, en juillet 2020, commencer à être mise en œuvre, consiste à pratiquer une création monétaire massive, grâce à des emprunts publics facilités par les banques centrales : entreprises, services publics et particuliers bénéficient alors de revenus ou de crédits excédant largement la production, ce qui peut aider à faire repartir celle-ci. Le problème est ensuite la résorption de cet excédent de créances monétaires ou quasi-monétaires. La solution viendra-t-elle de l'inflation ? L'avenir le dira. Nous avons là un cas fort intéressant de traitement d'un sinistre non prévisible – ou, en tous cas, non prévu.

La montée des océans due au réchauffement global de notre planète a et aura un impact très différent selon les pays et les secteurs géographiques : certains seront faiblement impactés, tandis que d'autres subiront vraisemblablement une catastrophe de grande ampleur. La communauté internationale, et plus particulièrement les pays riches, auront un devoir de solidarité vis-à-vis des pays pauvres les plus exposés, par exemple le

Bangladesh. Si les pays riches sont déjà trop fortement endettés du fait d'une mauvaise gestion de leurs gouvernements, de leurs collectivités territoriales et de leurs systèmes sociaux, ils auront de grandes difficultés à réaliser l'effort de solidarité devenu nécessaire. Une saine gestion des finances publiques s'impose si l'on veut pouvoir faire face aux sinistres majeurs, non assurables par les méthodes classiques soit parce qu'ils surviennent en surprenant tout un chacun, soit en raison de leur ampleur. En quelque sorte, il faut prévoir qu'il y aura des malheurs difficilement prévisibles dans le détail, et s'y préparer en acquérant un maximum de souplesse. Nul ne se plaindra si tout ne se déroule pas conformément aux pires anticipations, s'il y a moins de « casse » que ce à quoi on s'était préparé.

La pandémie provoquée en 2020 par le coronavirus Covid-19 est un exemple de sinistre planétaire qui faisait partie des malheurs possibles, mais n'était pas spécifiquement prévisible. Certes, toute personne raisonnable sait que des malheurs de ce genre peuvent survenir, et les historiens peuvent en donner des exemples assez nombreux, mais quel service statistique serait capable de fournir des probabilités en la matière ? Et quand des observateurs avisés voient se profiler à l'horizon le spectre d'une guerre mondiale, ils sont bien incapables d'en prévoir les conséquences économiques autrement que sous la forme d'une fourchette très large.

De tels sinistres requièrent, non des provisions spécifiques, mais une sorte de pacte de solidarité, explicite ou implicite, au niveau de vastes ensembles : nation, ensemble de nations, humanité tout entière. Cela ne peut guère faire l'objet de traités, qui n'apportent souvent qu'une protection illusoire puisqu'on ne sait pas précisément contre quoi il convient de se prémunir. Ce qu'il faut est un esprit d'entraide, poussant les moins affectés à venir en aide aux plus touchés, simplement parce que ce sont des êtres humains. En somme, il s'agit d'élargir au niveau planétaire le pacte que désigne le mot « fraternité » dans la devise nationale française. Quand les probabilistes ne peuvent que dire « *non possumus* », seule la fraternité, règle de juste conduite au sens de Hayek, est efficace. Les commandements et les traités sont impuissants à nous protéger en cas de sinistre de très grande ampleur ; notre seule planche de salut est un véritable humanisme, apte à mobiliser au profit des plus atteints les forces et les compétences des moins touchés.

L'assurance chômage

Le risque chômage requiert évidemment une couverture : se trouver sans ressources parce que sans emploi, dépendre de la pitié des personnes mieux pourvues, mendier des secours, est une situation atroce, et qui peut être encore pire si l'on a la responsabilité de subvenir aux besoins d'enfants ou de personnes âgées. La philanthropie a beaucoup fait jadis pour soulager la détresse des chômeurs et de leurs familles. Elle est plus efficace lorsqu'elle est organisée, ce qui fut d'ailleurs souvent le cas jadis, que ce soit sous la forme des institutions charitables médiévales [12], ou grâce à des formes de « patronage » comme au XIXème siècle [13]. Ces initiatives anciennes, reconnues par les historiens comme ayant posé les premières pierres de ce qui deviendra au XXème siècle la *Sécurité sociale* au sens large du terme, ont contribué à ouvrir la voie à l'assurance chômage.

Cette assurance, en France, ne fait pas partie *stricto sensu* de la Sécurité sociale, parce qu'elle est gérée par des ASSEDIC, *Associations pour l'emploi dans l'industrie et le commerce*, fédérées dans l'UNEDIC, *Union nationale interprofessionnelle pour l'emploi dans l'industrie et le commerce*. La création de ces associations et de leur tête de réseau remonte à 1958[14], et elles sont pilotées par les partenaires sociaux, de façon paritaire (égalité entre le nombre de représentants du patronat et celui des représentants des syndicats). Leur ancrage institutionnel est le préambule de la Constitution du 27 octobre 1946, selon lequel « chacun a le devoir de travailler et le droit d'obtenir un emploi ».

---

[12] Voir par exemple *De la charité médiévale à la Sécurité sociale*, sous la direction d'André Gueslin et Pierre Guillaume, Les éditions ouvrières, 1992.

[13] Voir par exemple Catherine Duprat, *Usage et pratiques de la philanthropie*, Comité d'histoire de la Sécurité sociale, 1997.

[14] Le Général de Gaulle, qui venait d'être élu président de la République, a fortement encouragé cette création.

Cette formule énonce davantage une orientation qu'une obligation : on n'envoie pas en prison les chômeurs qui déclinent une proposition d'emploi, et la République serait bien incapable de trouver une proposition d'emploi pour chaque personne au chômage, sans exception ! Mais elle fixe un cap, et la création de l'Agence nationale pour l'emploi (ANPE) en juillet 1967[15], sous la forme d'un établissement public administratif, a montré la volonté de satisfaire, sinon à une obligation de résultats, du moins à une obligation de moyens : tout chômeur peut en principe se faire épauler dans sa recherche d'emploi.

Les Assédic (associations loi de 1901) et les ANPE (établissements publics à caractère administratif) ont été regroupés en 2008 pour donner naissance au réseau d'agences *Pôle Emploi*, chargées de gérer à la fois l'indemnisation du chômage (domaine des premières) et l'aide à la recherche d'un emploi (objectif des secondes). L'idée était que le chômeur puisse avoir un interlocuteur unique.

Les agences doivent gérer des flux très importants : en France le nombre annuel de demandes d'allocations avoisine les dix millions, et celui des retours à l'emploi se situe aux alentours de quatre millions. Ces quantités sont « industrielles », mais la gestion des offres et des demandes devrait être du « sur mesure » : tel est le défi à relever !

La gestion des offres d'emplois émanant des entreprises est évidemment au cœur de l'activité de *Pôle Emploi*, organisme chargé de fluidifier le marché de l'emploi ; le but est de mettre en rapport chaque demandeur d'emplois avec des organismes qui recherchent des salariés ayant approximativement son profil. Sachant que l'ensemble des qualifications des demandeurs d'emploi peut être assez différent de celui des qualifications recherchées par les employeurs, l'orientation des premiers vers des formations aux métiers pour lesquels l'offre d'emploi dépasse la demande est clairement une des missions importantes de *Pôle Emploi*.

[15] Jacques Chirac, alors secrétaire d'Etat à l'emploi du Gouvernement Pompidou, fut la cheville ouvrière de cette création.

CHAPITRE 5

Le drame d'une organisation en silos

Le système français de protection sociale a été organisé en branches : vieillesse, maladie, famille, maladies et accidents professionnels, chômage, et dépendance. Une telle classification est assez commode pour la distribution des prestations, mais elle ne répond à aucune logique économique. Par exemple, l'assurance maladie des retraités est peu financée par eux, elle l'est surtout par les actifs[16]. Du point de vue logistique, les retraités sont remboursés ou pris en charge (tiers payant) par les caisses d'assurance maladie. Mais du point de vue financier un retraité ne supporte que de faibles prélèvements sur ses pensions, alors qu'il coûte à l'Assurance Maladie, en moyenne, bien plus cher qu'un actif.

Le recours des retraités au système de soins étant ainsi payé en grande partie par les cotisations et contributions des actifs, le transfert de ceux-ci à leurs aînés dépasse largement le paiement des cotisations vieillesse. Une erreur grossière est donc couramment commise en raisonnant comme si les retraités ne bénéficiaient que de leurs pensions : l'apport en provenance des actifs, dont ils profitent via le système de protection sociale, comprend une partie conséquente du budget de l'assurance

[16] Les cotisations maladie des retraités sont faibles : rien sur les pensions de la Sécurité sociale, probablement parce que, pour les salariés, la cotisation maladie, au taux de 7,3 %, est exclusivement patronale ; et 1 % sur les retraites complémentaires Arrco et Agirc. Restent les « contributions », en l'espèce la CSG.

maladie. Cette erreur provient de ce que nous appelons *l'organisation en silos* de la protection sociale.

Théorie des ensembles et division en « silos » des prestations sociales

Le terme « silo » est utilisé ici pour désigner les constructions artificielles qui sont utilisées par le droit social, et aussi pour l'organisation concrète de la Sécurité sociale, pour les travaux statistiques et les analyses de la protection sociale. Recourir à une classification en silos signifie privilégier ce qui se voit, le rattachement administratif, à ce qui fait sens, le fonctionnement réel, seul à pouvoir fournir la base d'une analyse économique sérieuse. Des étiquettes administratives, utilisées par le législateur, et le cas échéant façonnées par lui, se substituent à la réalité. Le nominalisme étouffe le réalisme.

Prenons une image, considérons une cargaison de plantes en pots, placées dans un container simplement étiqueté « plantes » : le poids des plantes *stricto sensu* est très inférieur à celui de la cargaison. Si l'on veut connaître le poids de la masse végétale, il ne faut pas l'assimiler à celui de la cargaison, mais distinguer les pots, la terre, et les végétaux : seuls ces derniers sont à prendre en compte. Le problème est que les sots, lorsque quelqu'un leur désigne la lune en pointant son doigt vers cet astre, regardent le doigt. Ici, les bureaucrates regardent l'étiquette qui a été apposée sur le container, sans se soucier de son contenu réel.

Dans le domaine que nous explorons, lorsqu'une prestation sociale rembourse un médicament à un retraité, les bureaucrates ne voient que l'assurance maladie, alors même que ce remboursement relève économiquement du report : après avoir financé ses cadets, l'assuré social devenu âgé compte sur eux, pour sa couverture santé comme pour sa pension.

Les comptes de la protection sociale ou de la Sécurité sociale, parce qu'ils se sont modelés sur le respect de l'étiquette administrative, adoptent l'étiquetage bureaucratique, lequel cache une partie de la réalité. Les statisticiens de la DREES – la Direction de la Recherche, des Etudes, de l'Evaluation et des

Statistiques des ministères sociaux – calculent comme étant le poids de l'assurance maladie tout ce qui est considéré administrativement comme relevant de cette branche, sans se préoccuper de savoir si cela ne devrait pas être aussi rattaché au report ou à l'assistance, systématiquement ou pour certains usages. Pour eux, si les emballages portent l'étiquette « végétaux », le poids total de ce qu'ils contiennent est un poids de végétaux ; ils se gardent d'ouvrir l'emballage pour peser séparément la poterie, la terre, et les plantes.

En théorie des ensembles, les mathématiciens distinguent soigneusement les *recouvrements* et les *partitions*. Un ensemble de parties Pi de E forme un recouvrement de E si l'union des Pi est égale à E. Peu importe que P1 et P2, par exemple, aient une intersection non vide, ce qui compte est que chaque élément de E appartienne au moins à une des parties Pi. En revanche, lorsque chaque élément de E appartient à une partie Pi et à une seule, on a affaire à une forme très particulière de recouvrement, une « partition ».

Pour les statisticiens, pour le personnel administratif de la Sécurité sociale, et pour les hommes politiques, il est très agréable de faire comme si les catégories de prestations sociales formaient spontanément une partition de l'ensemble des prestations. Or ce n'est pas le cas. Prenons par exemple le remboursement d'un médicament à un retraité : c'est une opération qui relève à la fois du sous-ensemble assurance maladie, et du sous-ensemble report. La première appartenance coule de source, et la seconde vient de ce que le médicament est en fait payé par les actifs, ce qui signifie que cette opération réalise un transfert des actifs aux retraités, et donc un report d'une période à l'autre de l'existence : le retraité d'aujourd'hui a jadis, quand il était actif, payé les soins et la formation dont ont bénéficié les personnes actuellement actives, lesquelles personnes s'acquittent de leur dette, pour une part, en payant certains services ou médicaments destinés aux retraités.

Le ministre moyen, le parlementaire moyen, le conseiller moyen de ces hommes politiques, n'ont que faire de ces subtilités. Il est plus simple pour eux de rattacher tous les remboursements de médicaments à l'assurance maladie, sans se soucier du fait que la réalité est plus complexe, que certains de ces remboursements relèvent aussi du report, soit parce que le médicament, étant destiné à un enfant ou à un adolescent, fait partie de l'investissement dans la jeunesse, soit parce que ce médicament, pris par une personne âgée, fait partie d'un retour sur investissement (les travailleurs actuels renvoient l'ascenseur, dans ce cas sous forme de soins médicaux, aux membres de la génération qui les a élevés). La direction et les agents des caisses de Sécurité sociale sont également tranquillisés par le recours à une partition : toute prestation relève d'une branche et d'une seule, le modèle « partition » évite de se compliquer la vie. L'administration bureaucratique adore ce modèle, et les statisticiens bureaucratisés en font leurs délices.

J'utilise le terme « silo » pour désigner les containers législatifs, réglementaires et statistiques dans lesquels on fourre des réalités assez diverses, que l'apposition d'une étiquette sur le container unifie artificiellement en privilégiant une caractéristique commune à tous ces éléments – pas forcément la plus importante. C'est ainsi qu'un montant très conséquent de cotisations ou contributions payées par les actifs est étiqueté « maladie », alors même que, en réalité, il s'agit aussi et, à certains égards, surtout, d'un transfert des actifs aux retraités. Ce transfert concerne certes la branche maladie, puisqu'il finance des soins, mais il relève aussi, et plus fondamentalement sous certains aspects, de la branche vieillesse, puisque les bénéficiaires sont les retraités. Le président de la République s'est érigé en chantre du « *en même temps* », mais il n'a pas été suivi par les responsables de la *Sécu*, fort peu désireux d'admettre qu'une prestation puisse relever en même temps de l'assurance-maladie et de la politique d'investissement dans la jeunesse ou de la prise en charge des personnes âgées, et donc du report de revenu d'une période à l'autre de l'existence.

Passer de l'onirisme bureaucratique au réalisme économique

Ce qui est ici en jeu, c'est le choix entre le réalisme et l'onirisme, entre la vérité économique et les faux-semblants bureaucratiques. La bureaucratie a créé un monde artificiel au sein duquel les appellations et les chiffres ont un rapport souvent très élastique avec la réalité. Pour avancer d'un bon pas dans la résolution des graves et difficiles problèmes qui se posent en matière de protection sociale, il est indispensable de mettre un terme à l'usage des silos, ces catégories qui font passer la façon dont fonctionnent les bureaux (telle cotisation est étiquetée maladie) avant le souci de savoir ce qui se passe vraiment (elle est en fait destinée à transférer du revenu des actifs aux retraités sous forme de cotisation maladie).

Si les pensions étaient majorées du montant actuellement versé au profit des retraités, par les actifs, sous forme de cotisations maladie, et si elles supportaient une cotisation maladie (cette fois clairement destinée à financer les dépenses de santé des personnes âgées) dont le montant soit réaliste – et donc élevé – tout serait beaucoup plus clair. Mais la prégnance de l'esprit bureaucratique empêche de réaliser cette clarification et quelques autres.

Les 42 silos retraite

La création de régimes de retraite catégoriels fonctionnant par répartition est typique de la mentalité bureaucratique qui se préoccupe avant tout des étiquettes, et peu des réalités. Pour avoir mis en place un régime de retraite des exploitants agricoles, un régime des fonctionnaires territoriaux, un régime des médecins ou des agents de la RATP, il faut avoir l'esprit façonné par des croyances dignes des sociétés les plus primitives : le fait de légiférer suffirait, comme par magie, à rendre possible le versement de pensions !

Par exemple, la loi du 5 janvier 1955 qui créa le régime des exploitants agricoles est psychédélique : il y avait environ dix millions d'actifs agricoles à la Libération, il n'en restait déjà plus que 3,9 millions en 1954, et même si les parlementaires et les membres du Gouvernement ne disposaient pas encore de ce chiffre ils ne pouvaient pas ignorer que les exploitations étaient en train de se métamorphoser, de se moderniser, de s'agrandir, et que la population des exploitants agricoles était sur un trend très fortement descendant.

Passe encore qu'une esquisse de loi ait vu le jour en 1952, mais pour voter une loi, dans ces conditions, deux ans et demi plus tard, ses auteurs ayant donc eu largement le temps de voir dans quel pétrin ils allaient engager à la fois les agriculteurs et le pays, il faut croire que la loi a un pouvoir mystérieux, quasiment surnaturel. C'est ce type de superstition que véhicule l'esprit bureaucratique, pour lequel ce qui a été mis par écrit sous forme législative ou réglementaire accède *ipso facto* à l'existence. L'écrit officiel aurait un pouvoir magique, il serait créateur. La loi et le règlement seraient l'équivalent de la parole créatrice de la Genèse : « que la lumière soit, et la lumière fut » !

Aucun esprit rationnel n'aurait accepté de faire comme si la population d'exploitants agricoles allait se reproduire à l'identique. Mais les pouvoirs publics avaient déjà accepté de faire « comme si » pour le personnel des chemins de fer et quelques autres catégories. La rationalité à long terme requise pour l'organisation du report entre générations successives est étrangère au fonctionnement politique, le plus souvent obnubilé par le court terme.

L'actuelle multiplicité des régimes induit des coûts de gestion inutiles qui représentent une bonne moitié des 6 Md€ du budget de fonctionnement des retraites. Trois milliards d'euros, représentant une grosse quantité de travail, sont ainsi bêtement gaspillés chaque année, mais la réforme destinée à unifier le système de retraites par répartition est conduite par des hommes politiques qui n'y connaissent pas grand-chose et qui changent sans cesse, si bien que, à l'heure où ces lignes sont écrites, on se demande quand la réforme unificatrice sera réalisée, voire même si elle le sera. Or, qu'est-ce qu'un régime de retraite des agents de la RATP, ou des médecins, ou de la fonction publique de l'Etat, si ce n'est, à chaque fois, un silo particulier ? Les 42 silos retraites ont la vie dure et nous coûtent « un pognon de dingue », selon l'expression utilisée (pour les minima sociaux) par le président de la République. Le remplacement de 42 régimes de retraite par un seul ferait passer, à terme, d'une moyenne proche de trois pensions pour chaque personne, à une seule. Cela serait pratique pour les assurés sociaux, et diminuerait la quantité de travail administratif et informatique dans des proportions considérables !

Le recours aux silos rend difficile de voir et comprendre ce qui se passe réellement

Actuellement, pour un statisticien assujetti à raisonner dans le cadre de la classification juridique et administrative en vigueur, tout ce qui est dans le silo assurance maladie relève de l'assurance maladie : l'étiquetage détermine la nature du contenu ! L'économiste ne peut évidemment pas adopter cette manière de faire nominaliste, qui se fie à l'étiquette et non à la réalité. Il ne suffit pas qu'un texte législatif ou réglementaire affirme qu'un lapin est une carpe pour qu'il s'agisse effectivement d'un poisson[17] : l'économiste a pour règle de rechercher ce qui se passe réellement, sans prendre pour argent comptant les étiquettes utilisées par des autorités administratives.

Comme exemple de silos, la multiplicité des régimes de retraite constitue un cas particulièrement intéressant. En faisant un silo de la retraite des exploitants agricoles, on a fait comme si les cotisations des exploitants en activité suffiraient indéfiniment à payer les retraites des anciens exploitants. La réalité évolue sans égard aucun pour de telles fictions. La retraite en silos, un pour les fonctionnaires de l'Etat, un autre pour ceux des collectivités territoriales, un pour les ouvriers de

[17] Au chapitre XVIII de *La dame de Monsoreau*, Alexandre Dumas reprend la tradition rabelaisienne du moine gourmand qui, pour manger du lapin un jour de carême sans enfreindre la règle qui veut que l'on « fasse maigre » durant cette période liturgique, dit à l'animal « je te baptise carpe ». Les comptes de la protection sociale ont volontiers recours à ce subterfuge, que beaucoup des personnes qui les établissent pratiquent d'ailleurs peut-être sans en avoir conscience.

l'Etat, un pour les agents de la SNCF, un pour les médecins, un pour le personnel de l'Opéra de Paris, un pour les salariés des mines, etc. : ce recours généralisé à l'ensilage a produit des résultats catastrophiques. On a fini en haut lieu par s'en rendre compte, et par préparer le remplacement de la retraite en silos par un régime unique, mais cela n'a pas suffi pour que le mal dont souffre le système français de retraites « par répartition » soit attaqué à la racine.

De quel mal s'agit-il ? Fondamentalement, comme il a été vu au chapitre 2, il s'agit de l'idée archaïque, irrationnelle, consistant à accorder des droits à pension au prorata des cotisations versées au profit des anciens. Rappelons qu'il n'existe aucun lien réel entre l'entretien des personnes âgées actuelles et la préparation des vieux jours de ceux qui cotisent pour cet entretien, si ce n'est l'exemplarité : ayant vu mon père prendre soin de mon grand-père âgé, je considérerai plus facilement comme normal de m'occuper de lui quand il sera devenu vieux, et je compterai moi aussi sur mes enfants pour faire de même à mon égard. Bien, mais si je n'ai pas d'enfant ? Voilà le dur pépin de la réalité, si évident et pourtant si oublié quand on passe du niveau microéconomique au niveau macro.

Quel rapport avec les silos ? Le recours au modèle silo a permis aux hommes d'en venir à compter sur les enfants des autres pour les entretenir durant leurs vieux jours. En effet, s'il y a un problème pour ma prise en charge par mes propres enfants (leur inexistence, ou leur ingratitude), pourquoi ne pas compter sur une sorte de famille très élargie, la profession ? On se sent « entre-soi », presque « en famille », dans le petit monde des cheminots, ou des avocats, ou des experts-comptables : il peut tenir lieu de silo à l'intérieur duquel transposer le principe de l'échange entre générations successives initialement forgé au niveau familial ou tribal. Transposer, mais aussi transformer, le silo étant la formule qui conduit à se fier aux étiquettes sans vérifier le contenu. Les corporations ont servi de silos : en versant leur cotisation au régime des cheminots, à celui des ouvriers de l'Etat, et ainsi de suite, quantité de personnes ont acquis le droit de recourir, une fois âgées, aux enfants des autres, aux membres actifs de la corporation qui leur auront succédé – sans imaginer que cette source puisse se tarir un jour. L'Etat, comme un bon saint-bernard, s'est porté au secours des malheureux qui avaient cru les professions quasiment éternelles et immuables.

Une organisation de la retraite corporatiste plutôt que familiale diminue initialement le risque de ne pas avoir des ressources suffisantes pour sa vieillesse. Un cultivateur peut ne pas avoir d'enfants, mais si cent ou mille cultivateurs mettent leurs enfants en commun, en quelque sorte, c'est-à-dire se partagent leurs cotisations, le risque paraît moins grand. Malheureusement pour les membres de certaines professions, cet espoir est réduit, sinon à néant, du moins à peu de choses, par la réduction de leurs effectifs actifs. Ainsi la partie « cotisants » du silo des agriculteurs s'est-elle vidée progressivement de son contenu avec un temps d'avance sur la diminution de la partie « retraités », les entrées dans la profession étant bien moins nombreuses que les sorties. Le drame du régime de retraite des exploitants agricoles, qui a frappé aussi les régimes des cheminots, des mineurs, des ouvriers de l'Etat, et de plusieurs autres catégories en voie d'amenuisement, est la conséquence du raisonnement en silos appliqué à l'organisation de nos retraites.

CHAPITRE 6

La confusion entre lois, commandements et gestion

Une part importante des problèmes de notre « bonne vieille sécu » tient au fait que les pouvoirs publics essayent de la gérer en légiférant. Pour le comprendre, il suffit de regarder le contenu des lois de financement de la Sécurité sociale (LFSS) et la façon spéciale dont ces textes sont votés.

Un bel exemple de confusion conceptuelle : des lois servent à donner des ordres aux ministères sociaux et aux organismes de Sécurité sociale

Commençons par jeter un coup d'œil sur les conditions très particulières dans lesquelles les projets de loi de financement de la Sécurité sociale (PLFSS) deviennent des lois de la République (LFSS).

Ordinairement, l'Assemblée puis le Sénat peuvent discuter et amender chaque article, et pour finir voter sur l'ensemble du texte, avec des navettes possibles entre l'Assemblée et le Sénat. Certes, dans la majorité des cas il s'agit d'un *projet de loi*, c'est-à-dire d'un texte rédigé par l'Exécutif. Mais d'une part les parlementaires peuvent eux aussi prendre l'initiative en déposant des *propositions de loi*, et d'autre part leur pouvoir d'amendement concernant les *projets* est conséquent. Il en va tout-à-fait différemment pour les LFSS : *primo* elles ont toutes pour point de départ des projets de loi, c'est-à-dire des textes gouvernementaux (PLFSS) ; et *secundo* les pouvoirs du Parlement sont réduits quand il s'agit d'amender et de voter ces projets de loi.

Précisons ce second point. Les PLFSS, comme les PLF (projets de loi de finance), sont soumis au vote de l'Assemblée nationale *sous menace de recours au célèbre article 49-3*. Cet article de la Constitution de la Ve République dispose que « le Premier ministre peut, après délibération du Conseil des ministres, engager la responsabilité du Gouvernement devant l'Assemblée nationale sur le vote d'un PLF ou d'un PLFSS. Dans ce cas, ce projet est considéré comme adopté, sauf si une motion de censure, déposée dans les 24 heures qui suivent, est votée dans les conditions prévues à l'alinéa précédent ».

Conformément à cet article 49-3, le Législateur doit approuver le dispositif que lui présente le Gouvernement, sauf à provoquer la démission de celui-ci conformément à l'article 50 de la Constitution[18]. Des dispositions constitutionnelles tout-à-fait analogues président à l'adoption des lois de finances (LF), dont les projets accèdent également au rang de lois au terme d'une discussion législative qui ressemble assez à une parodie puisque le dernier mot concernant ces lois ne revient pas au pouvoir dit législatif, mais au pouvoir exécutif.

Cela montre que les « budgets », dispositifs de gestion des finances publiques (que ce soient celles de l'Etat ou celles de la Sécurité sociale), ne sont en aucune manière des lois de juste conduite au sens de Hayek. Le budget de la Sécurité sociale, comme celui de l'Etat, est un ensemble de commandements et de prévisions destiné à cadrer l'action des responsables, dans un cas des organismes de Sécurité sociale, et dans l'autre des ministères et des organismes qu'ils supervisent. Notre constitution fait passer pour de la législation ce qui constitue surtout, en réalité, un ensemble – et, parfois, un fatras – de mesures de gestion et de tentatives de prévision. La confusion entre loi et gestion est une malfaçon qui affecte le centre

---

[18] « Lorsque l'Assemblée nationale adopte une mention de censure (…) le Premier Ministre doit remettre au Président de la République la démission du Gouvernement. »

névralgique de nos institutions. Ses conséquences, nous allons le voir, sont gravissimes.

La crise du coronavirus qui affecte la France, comme bien d'autres pays, au moment où ces lignes sont écrites, fournit un bon exemple de l'absurdité que constitue l'existence même des lois de finances (LF) et de financement de la Sécurité sociale (LFSS). Naturellement, des budgets doivent être établis, mais ils ne peuvent pas avoir réellement force de loi, les circonstances risquant de bouleverser ces beaux projets. Dans le cas présent, la crise sanitaire (qui n'était pas prévue lors du vote de la LFSS pour 2020), va beaucoup changer recettes, dépenses et résultats. Si le Gouvernement s'était contenté de simples budgets prévisionnels, c'est-à-dire d'instruments de gestion faits pour fixer un cap, mais avec la possibilité, et même le devoir, de s'adapter aux circonstances, les modifications nécessaires ne poseraient aucun problème de principe. En revanche, il est anormal qu'une **loi** doive être modifiée par les pouvoirs publics pour s'adapter aux imprévus.

Cela montre que le recours à la loi n'est pas le bon instrument quand il s'agit de prévoir recettes et dépenses de la Sécurité sociale : si l'on entend pouvoir changer son fusil d'épaule en cas de besoin, ce qui est parfaitement normal et sain, on établit un budget prévisionnel, on ne vote pas une loi ! Autant il est normal de modifier des prévisions budgétaires et des autorisations de dépenses (« ouvertures de crédits ») quand surgissent des évènements imprévus, autant appeler « loi » un ensemble d'autorisations de dépenses et de prévisions de recettes susceptibles d'être remises en cause constitue un abus de langage. Et ce n'est pas un abus de langage anodin, comme il arrive à tout un chacun d'en commettre au cours d'une discussion animée ; c'est le signe d'une confusion gravissime entre deux fonctions très différentes, légiférer et commander.

Dans les faits, les LF et LFSS ne sont pas de vraies lois, mais des budgets, c'est-à-dire des instruments de gestion. Or un instrument de gestion est fait pour faciliter les prises de décision, dans les circonstances difficiles comme lorsque tout va bien, pour effectuer les changements nécessaires ou utiles, tandis qu'une loi est faite pour poser des règles stables, et même, si possible, intangibles.

Ces règles ne doivent pas résulter de calculs électoraux et autres préoccupations immédiates, mais d'un processus de reconnaissance, au fil des générations, de ce qui est admissible et de ce qui ne l'est pas, de ce qui est juste et de ce qui est injuste. Une erreur stratégique majeure a été commise en utilisant la loi comme instrument de gouvernement, et donc pour réagir à l'imprévu, pour procéder aux ajustements parfois fréquents et conséquents que requiert une bonne gestion dans un monde qui évolue beaucoup et rapidement, autrement dit pour gouverner. La loi devrait être le signe même de la stabilité. La transformer en instrument de gestion est une erreur d'une extrême gravité.

Les LFSS n'ont de loi que le nom, comme le montrent quelques textes et le coronavirus

S'agissant de gérer le système de Sécurité sociale, il est certes utile d'avoir des objectifs de recettes et de dépenses, mais ces objectifs ne peuvent qu'être ajustables. Par exemple, dans la LFSS pour 2020 il est inscrit pour la branche maladie 220,8 Md€ de recettes et 224,1 Md€ de dépenses, mais chacun sait qu'il s'agit d'objectifs, et non d'impératifs. Ces chiffres, côté dépenses, n'ont déjà plus guère de signification à l'heure où j'écris ces lignes (en juillet 2020) puisque le Président de la République a déclaré, comme il était normal, que l'on dépenserait ce qui sera nécessaire pour faire face à l'épidémie de coronavirus, « quoi qu'il en coûte ». Côté recettes, l'épidémie aura aussi des répercussions, c'est évident, mais qui donc saurait déjà les chiffrer précisément ?

Cela montre que les votes de la LFSS et de la LF pour 2020 portaient en réalité sur de simples éléments prévisionnels sans réelle dimension normative. Que l'on fasse part aux parlementaires de certaines prévisions, tout en sachant que leur réalisation est aléatoire, fort bien ! Mais que cette information prenne la forme d'un article de loi montre que notre République est soumise à une confusion intellectuelle vraiment inquiétante.

Cette confusion se manifeste aussi dans certains articles de la LFSS portant modification du code de la Sécurité sociale. L'article 25 de la loi sous revue, par exemple, comporte toute une série de modifications de taux, actes de simple gestion dont les parlementaires, pour la plupart d'entre eux, ne peuvent évidemment comprendre ni les tenants ni les aboutissants. Par exemple, l'article L. 131-8 du code de la Sécurité sociale subit une série de changements dont seuls quelques spécialistes peuvent estimer les conséquences ; citons-en quelques lignes :

a) Le 1° est ainsi modifié :
- *à la fin du deuxième alinéa, le taux : « 44,97 % » est remplacé par le taux : « 53,37 % » ;*
- *à la fin du troisième alinéa, le taux : « 35,24 % » est remplacé par le taux : « 27,57 % » ;*
- *à la fin de l'avant-dernier alinéa, le taux : « 9,79 % » est remplacé par le taux : « 19,06 % » ;*
- *le dernier alinéa est supprimé ;*

Des pages de dispositions de ce genre se succèdent ; pour ne pas y consacrer trop de temps, bornons-nous à reproduire l'un des articles les plus courts, l'article 24 de la LFSS pour 2020 :

Pour l'année 2020, le montant M mentionné au I de l'article L. 138-10 du code de la Sécurité sociale est égal à 1,005 multiplié par le chiffre d'affaires hors taxes réalisé au cours de l'année 2019 en France métropolitaine, en Guadeloupe, en Guyane, en Martinique, à la Réunion, à Saint-Barthélémy et à Saint-Martin au titre des médicaments mentionnés au II du même article L.138-10 par l'ensemble des entreprises assurant l'exploitation d'une ou de plusieurs spécialités pharmaceutiques, au sens des articles L. 5124-1 et L. 5124-2 du code de la santé publique, minoré des remises mentionnées aux articles L. 162-16-5-1, L. 162-17-5, L. 162-18 et L. 162-22-7-1 du code de la Sécurité sociale dues au titre de l'année 2019 et de la contribution due au titre de l'année 2019 en application de l'article L. 138-10 du même code.

En lisant cela, on constate que les LFSS n'ont vraiment de lois que le nom : ce sont pour une bonne part des dispositions impératives relevant d'un décret ou d'un arrêté, mais certainement pas d'une loi – à moins de considérer que toute disposition de simple gestion mérite d'être étudiée par des centaines de parlementaires, lesquels ne disposent évidemment ni du temps, ni – à quelques exceptions près – des connaissances requises pour comprendre ce que commande le texte soumis à leur vote.

En votant ces dispositions auxquelles ils ne comprennent pas grand-chose, les parlementaires donnent en fait un blanc-seing à ceux qui les ont préparées. Sous couvert de démocratie, cette façon de faire de la loi un outil de gestion interdit en réalité aux représentants du peuple d'examiner la qualité de la gestion effectuée par l'administration, puisque beaucoup de décisions de simple gestion ont été votées par eux. Ces votes sont effectués le plus souvent les yeux fermés, puisque les parlementaires sont dans l'impossibilité de mesurer les effets de ce qu'on leur fait voter. Il serait bien préférable que députés et sénateurs se prononcent sur des objectifs de gestion, sans se laisser ensevelir sous des amas de dispositions dont il leur est impossible d'évaluer les conséquences.

Législation et règles de juste conduite

La notion de « règles de juste conduite » est centrale dans *Droit, législation et liberté*, œuvre majeure de Friedrich A. Hayek. La règle de juste conduite (au sens que cet auteur donne à cette expression) est un élément de sagesse formé au fil des ans par la sélection naturelle qui s'applique aux comportements et aux principes qui les guident. Parmi ces comportements et principes, certains ont eu surtout des conséquences heureuses et d'autres surtout des conséquences malheureuses. Une société est d'autant plus efficiente et propice à l'épanouissement de ses membres qu'elle parvient à sélectionner les premières, les règles comportementales les meilleures ou les moins mauvaises. Ainsi se forme, à l'échelle d'une petite ou d'une grande société humaine, un ensemble de règles de juste conduite. Elles ne sont pas toujours formulées par écrit – bien rares, par exemple, sont les familles qui se livrent à un tel exercice – mais cela ne les empêche pas d'exister (dans telle famille, ceci « se fait », et cela « ne se fait pas »).

Dans une société de grande taille, un législateur est utile et même nécessaire pour codifier de telles règles ; il faut qu'il y en ait un pour faire ce travail sans se prendre pour un démiurge : sa mission est d'exprimer et de coucher par écrit (*verba volent, scripta manent*) la sagesse des nations, ou du moins de certains groupes humains, et non d'imposer les idées qui passent par la tête de certains beaux parleurs et autres démagogues. La loi ainsi produite fait partie d'un « ordre spontané » qui permet à la vie en société de ne pas être un enfer, et même de comporter une dose appréciable de bonheur.

La loi ne saurait suffire. Pour qu'une population comptant des millions de membres, comme d'ailleurs une équipe de quelques personnes, se comporte de manière efficace, il faut de l'organisation et des centres de commandement, sans aller trop loin en direction de la planification et de l'embrigadement, pour ne pas tuer dans l'œuf les initiatives, indispensables au progrès.

Au sein d'un ménage ou d'une petite communauté, il faut savoir raison garder et laisser à chacun une certaine latitude dans son action. Le fabliau médiéval dit *« le rôlet »* explique cela mieux qu'un long discours. Dans ce texte savoureux, une femme établissait chaque jour la liste très précise de ce que devait faire son époux. Or il arriva qu'un jour cette femme, en puisant de l'eau, tomba dans le puits. Elle appela son mari, qui lui répondit que la sortir du puits ne faisait pas partie des commandements figurant sur son rôlet. Planifier est utile, mais l'obéissance « à la lettre » n'est pas une bonne solution, elle ne constitue pas une règle de juste conduite. Le fabliau du *rôlet* peut nous aider à voir ce qui ne va pas dans l'articulation actuelle des règles de juste conduite, de la législation, des commandements et de la gestion.

Les législateurs ont pour fonction naturelle l'explicitation solennelle des règles de juste conduite, ou du moins de certaines d'entre elles, celles qui correspondent à la formule « cela va sans dire, mais c'est mieux en le disant ». Clairement, dans le monde réel les assemblées législatives ne votent pas seulement des lois remplissant cette condition ; elles en votent même assez peu, consacrant l'essentiel de leur activité à des textes que l'on appelle des lois, mais qui constituent plutôt des recueils de commandements.

De plus, la forme utilisée pour codifier les règles de juste conduite est souvent péremptoire, ce qui introduit dans les esprits une confusion avec les commandements. Par exemple, la règle « tu ne tueras point » prend la forme d'une injonction formulée par un chef ou une instance suprême ayant le pouvoir de décider de beaucoup de choses. Alors qu'il s'agit d'une règle de juste conduite, fruit d'un long processus d'humanisation, qui ne dépend nullement de telle ou telle personne ou assemblée, elle est présentée sous la même forme que le commandement de rouler d'un certain côté de la chaussée. Approfondissons ce modeste problème de circulation, cela permettra de bien situer les rôles respectifs et complémentaires de la règle de juste conduite et du commandement.

Au Royaume-Uni, on doit rouler à gauche ; en France, on doit rouler à droite. Dans les deux pays la règle de juste conduite est la même : ne pas rouler n'importe où, mais du côté de la route fixé par l'autorité compétente. Ensuite, dans un pays le code de la route commande de conduire à gauche, et dans un autre de conduire à droite. Dans ce cas, la règle de juste conduite est si bien ancrée dans les esprits qu'il n'est même pas utile de la faire figurer explicitement dans un texte de loi. En revanche, un commandement est indispensable pour préciser le côté autorisé. Mais le plus important n'est pas que le côté choisi soit la droite ou la gauche, c'est que, dans un pays donné, tout le monde adopte le même. Le commandement se situe à un niveau normatif inférieur à celui de la règle de juste conduite.

Un chef, ou une assemblée, peuvent émettre un ordre contraire à une règle de juste conduite. C'est le problème exposé par Sophocle à propos de l'ordre donné par Créon : ne pas ensevelir Polynice, mort en cherchant à reconquérir Thèbes. Antigone, sœur d'Etéocle et de Polynice – les frères ennemis qui se sont entretués – enfreint l'ordre de Créon pour appliquer la règle de juste conduite : donner aux défunts une sépulture est le signe que l'on reconnaît leur humanité, et même si Polynice était un mauvais garçon, c'était un être humain. Créon commande, mais Antigone, elle, obéit à une loi qui n'a pas besoin pour exister d'être formulée par les détenteurs du pouvoir. Un commandement peut être contraire aux règles de juste conduite, et la célèbre tragédie grecque met en scène un principe essentiel pour l'humanité : le commandement édicté par un prince, un roi, un tyran ou une assemblée n'est pas supérieur à ce qu'Antigone, face à Créon, appelle la loi divine – et que nous nommons, à la suite d'Hayek, règle de juste conduite.

Règle de juste conduite et commandement

Quand le législateur formule une règle de juste conduite de façon impérative, ce qui est classique, qu'est-ce qui la différencie d'un commandement ? Ce n'est pas le style employé, péremptoire dans les deux cas ; c'est la genèse de cette règle, fruit d'une maturation des esprits, d'un progrès de l'humanisme : le législateur ne l'a pas créée *ex nihilo*, il l'a reconnue – souvent après moult personnes – comme étant l'expression du Bien.

Un détour par les temps anciens permet d'illustrer ce constat. Prenons le livre de la Genèse – premier livre de la Bible, qui explique notamment, de façon imagée, comment les premiers hommes ont acquis le sens du bien et du mal. Le premier récit de la création se déroule en sept jours, depuis la formation de la Terre, de la lumière et des ténèbres (premier jour), jusqu'à celle de l'homme et de la femme (sixième jour, le septième étant consacré au repos). Ce texte nous dit qu'après avoir ainsi terminé la création, « Dieu vit tout ce qu'il avait fait, et cela était très bon. »

Cette tradition hébraïque, qui s'inspire de traditions moyen-orientales antérieures, nous indique le processus de formation des règles de juste conduite : Dieu, c'est-à-dire le peuple en ce qu'il a de meilleur, reconnait qu'une façon de faire, par exemple « Soyez féconds, multipliez, emplissez la terre et soumettez-la », est la bonne. La formulation est celle du commandement, mais en fait il s'agit de quelque chose de supérieur : la reconnaissance du fait que la vie vaut d'être vécue, et donc d'être donnée. La formulation est celle du commandement, mais en réalité la Bible *recommande* une philosophie, une façon de concevoir l'existence. Le devoir n'est pas arbitrairement défini par le législateur suprême (dans la Bible, le Créateur) ; il est une façon d'indiquer ce qui est bon pour l'humanité.

La règle de juste conduite est ici exprimée de façon autoritaire, parce que les anciens Hébreux avaient de la peine à concevoir qu'un Dieu tout-puissant fasse le plus grand cas de la liberté de sa créature, mais ensuite Jésus tiendra un propos autrement plus respectueux de la liberté, en ne disant pas au jeune homme riche « **sois parfait**, vends ce que tu possèdes, donne-le aux pauvres, et tu auras un trésor aux cieux, puis viens, suis-moi », mais « **si tu veux être parfait** ... ». Cette péricope que l'on peut lire dans l'Evangile de Matthieu (19, 16-23) est un exemple de règle de juste conduite qui est explicitement présentée comme une invitation, et non comme un ordre. Reste que bien des préceptes rédigés sous une forme très péremptoire font en réalité appel à notre adhésion plutôt qu'à notre obéissance passive : il faut savoir interpréter les formes littéraires.

Parmi les règles de juste conduite, les unes sont codifiées par le législateur (« Tu ne tueras pas »), et leur transgression est punie par une instance *ad hoc*, tandis que d'autres indiquent la bonne direction sous réserve qu'elle soit praticable (« multipliez-vous »). Les premières débouchent donc sur de véritables commandements, des ordres, tandis que les secondes relèvent davantage du conseil, de l'invitation, comme le « Si tu veux être parfait ... » de Jésus au jeune homme riche.

Il arrive qu'au lieu de formuler positivement une règle de conduite, disons le respect de la vie humaine, on se serve d'une condamnation du comportement opposé. Par exemple, la malédiction de Caïn le fratricide est une forme inversée (et archaïque) de la formule christique « heureux les doux ». Cette malédiction annonce en négatif, aux chapitres 4 et 5 de la *Genèse*, que le respect de la vie humaine est une règle de juste conduite. Le sens du bien et du mal, le sentiment moral, est fondamentalement psychologique et sociologique. Sa codification sous forme législative et réglementaire lui ajoute de la force, elle signifie que le pouvoir politique l'entérine, mais elle n'est pas première.

Aussi les *Dix Commandements* de la Bible ne sont-ils pas fondamentalement des commandements au sens que Hayek donne à ce mot : des ordres donnés par un chef ou une instance à qui, ou à laquelle, chaque membre d'un certain groupe doit obéissance. Ils sont plutôt des règles de juste conduite. Ils correspondent au *sens du devoir*, à la conscience morale éclairée par une réflexion à la fois personnelle et nourrie par des échanges. La représentation des « tables de la loi » comme ayant été dictées par Dieu pour être appliquées à la lettre a sans doute été largement répandue, mais elle n'est pas conforme au message évangélique, selon lequel « la lettre tue, et l'esprit vivifie ». Même s'il arrive que chacun des dix commandements bibliques soit pris au pied de la lettre, même si des chefs s'en sont servis pour **dicter** une ligne de conduite à un peuple ayant « la nuque raide », prompt à se détourner du droit chemin, ils sont faits pour être interprétés avec intelligence et bonté.

Nécessité des commandements émanant d'un pouvoir politique, de préférence légitime

Nonobstant ce qui précède, l'organisation de la société requiert des interdictions et des obligations édictées par une autorité, des commandements *stricto sensu*. Toute société a besoin de rendre obligatoires certains comportements (par exemple payer des impôts, des cotisations sociales, les achats que l'on fait) et d'en interdire certains autres (tuer, sauf en certaines circonstances, violer, voler, etc.). Ceux qui ne se conforment pas à la loi et au règlement peuvent être contraints ou/et punis.

Il est souvent arrivé que les commandements édictés par des autorités humaines soient présentés comme des commandements divins. Cela n'a rien d'étonnant : sociologiquement, la ou les divinités symbolisent un groupe ou des groupes humains. Le *Décalogue*, au chapitre 20 de l'*Exode*, énonce sous forme de commandements divins, émanant d'une autorité incontestable, les règles de juste conduite reconnues par les membres d'une petite communauté humaine qui finalise alors sa formation en tant que peuple. « Tu ne tueras pas, Tu ne commettras pas d'adultère, Tu ne porteras pas de témoignage mensonger contre ton prochain », voilà typiquement des règles de juste conduite ; leur présentation en tant que préceptes divins a pour fonction de manifester leur importance. En Egypte, Pharaon est lui-même un Dieu, et quand des tribus ou de petits royaumes s'unissent pour former une entité politique de plus grande taille, la constitution d'un Panthéon réunissant les divinités tutélaires des différentes composantes permet de créer une unité sans supprimer la diversité.

Comment faire dans un Etat laïc ?

Les pouvoirs publics de nombreux pays ont joué sur l'ambiguïté qui existe entre les lois qu'ils édictent parce qu'il faut exprimer solennellement les règles de juste conduite, et ce qu'ils appellent aussi des lois, mais qui sont en fait **leurs décisions** présentées avec solennité, pour qu'elles soient plus difficilement contestables par les citoyens – lesquels restent plus ou moins leurs « sujets », même dans les démocraties dignes de ce nom. La plupart des lois promulguées en matière de protection sociale n'énoncent pas des règles de juste conduite, mais des commandements : elles créent, ou modifient, ou suppriment, des prestations et des prélèvements.

Pour donner de la solennité à ces textes qui, le plus souvent, sont des monuments de technocratie longs, compliqués et indigestes, deux solutions simples et pratiques ont été adoptées : jadis, les mettre sous l'égide d'une divinité ; aujourd'hui les présenter comme découlant d'un impératif de solidarité. Ce mot rituel quasiment magique constitue l'équivalent laïc actuel des anciennes divinités : on invoque aujourd'hui la solidarité comme jadis Horus, Rê, ou Osiris, Zeus, Aphrodite ou Poséidon, Jupiter, Vénus ou Mars. Cette invocation donne une certaine solennité au texte de loi placé sous son égide, même s'il est mal rédigé, ennuyeux, et s'il ne possède aucune des qualités requises pour rendre le système de protection sociale plus efficace et plus équitable. Faire référence à la solidarité est l'équivalent de l'ancienne formule « Dieu le veut ». Naturellement, il se commet de nos jours beaucoup d'actes mauvais au nom de notre déesse solidarité, comme il s'en commit jadis un bon nombre au nom de la volonté divine.

Nos dirigeants, pour diriger, doivent édicter des commandements. Dans bien des cas, plusieurs décisions sont envisageables, et les citoyens ont des avis divers quant à celle qui devrait être prise. Les hommes politiques, en dépit des équipes de fonctionnaires sur lesquelles ils peuvent s'appuyer, et des conseillers composant leurs « cabinets », manquent souvent de la compétence requise pour prendre une décision intelligente. Dans le domaine de la protection sociale, leurs lacunes sont particulièrement graves. Ils émettent donc des commandements, ou demandent au législateur d'émettre des commandements prenant la forme de lois, alors même qu'ils ignorent quasiment tout du fonctionnement réel du système sur lequel ils interviennent. Notre cruelle sagesse populaire le dit sans ambages : « On prend n'importe qui pour faire n'importe quoi et il s'en tire … n'importe comment. »

Les péripéties de la réforme des retraites que le président de la République a voulu lancer, comme il s'y était engagé durant sa campagne électorale, confirment hélas la véracité de ce dicton. L'épidémie de Covid-19 est survenue à temps pour justifier la mise en attente de ce projet qui est loin d'être à la hauteur de ce qu'il faudrait faire, mais il fournit un exemple quasiment caricatural des difficultés créées par le méli-mélo entre lois, commandements et gestion, méli-mélo qui est le pain quotidien de la gouvernance de la France comme de bien d'autres pays. Nous indiquerons dans la seconde partie ce qu'il serait possible de faire pour peu que l'on veuille bien clarifier ce qui est du domaine de la loi et ce qui relève de la gestion, sans oublier de réaliser une analyse économique correcte des échanges entre générations successives.

Notre vie en société est rendue possible par des ensembles de conventions. *L'analyse économique des conventions*, pour reprendre le titre d'un ensemble de contributions sur ce thème réunies par André Orléan (PUF, 1994), est une branche importante de l'étude des comportements humains. Certaines de ces conventions fonctionnent sans l'appui de commandements édictés par les pouvoirs publics : ce fut le cas, pendant des siècles, des règles de politesse, qui codifient la façon de se comporter les uns avec les autres. Dans le domaine du langage, nous assistons actuellement, comme quasiment à toutes les époques, à un recours important à des pressions en faveur de certains changements. Pour l'instant, ces pressions vont rarement jusqu'au commandement *stricto sensu*. Par exemple, l'écriture inclusive ou l'utilisation d'une forme féminisée des noms de métier lorsque ledit métier est exercé par une femme ne sont pas (pas encore ?) imposées par un commandement de nature législative avec sanctions à l'appui : l'orthographe et la grammaire ont leurs règles de juste conduite, qui font l'objet de controverses, et fournissent l'occasion d'observer la tentation de recourir au commandement pour imposer telle ou telle évolution.

La loi et le règlement

La loi pose des principes : par exemple, nous devons être inscrits à la Sécurité sociale, et verser *ipso facto* des cotisations, sauf si nous remplissons certaines conditions telles qu'une insuffisance de revenus. Lesdits principes débouchent très souvent sur des commandements : quand une loi, un décret, un arrêté, ou une simple circulaire, donne l'ordre de payer telle cotisation sociale, calculée de telle manière, même si cet ordre s'adresse à un très grand nombre de personnes, il ne constitue pas une règle de juste conduite mais un « commandement de payer » qui, sans être présenté par un huissier, est néanmoins impératif, qu'il soit ou non conforme aux règles de juste conduite.

Montesquieu, deux siècles avant Hayek, avait déjà parfaitement fait la distinction entre les « lois positives » et ce qu'il appelle « les rapports d'équité ». Citons quelques lignes du Livre premier de son ouvrage fondamental, *De l'esprit des lois* : « Dire qu'il n'y a de juste et d'injuste que ce qu'ordonnent ou défendent les lois positives, c'est dire qu'avant qu'on eût tracé de cercle, tous les rayons n'étaient pas égaux. Il faut donc avouer des rapports d'équité antérieurs à la loi positive qui les établit. » *Rapports d'équité* chez Montesquieu, règles de juste conduite chez Hayek, ce sont là des notions voisines, qui se différencient fortement de ce que le premier nomme « *lois positives* » et le second « *commandements* ».

L'expression *lois positives* comporte un inconvénient : le terme « loi » réfère juridiquement à des textes instaurés par un législateur, c'est-à-dire, dans la majorité des pays, votés par un Parlement. Or, s'il existe des lois qui donnent des ordres, comme c'est le cas, en France, des lois de financement de la Sécurité sociale (LFSS), d'autres textes (ordonnances, décrets, arrêtés, circulaires) en donnent également. Le recours au terme « commandement » concernera ici tous les textes normatifs qui donnent des ordres à certains pouvoirs publics, à certaines institutions (par exemple de Sécurité sociale), à certaines personnes physiques ou morales (par exemple les entreprises).

Absurdité des lois de financement de la Sécurité sociale sous leur forme actuelle

Les organismes de Sécurité sociale appliquent des textes qui relèvent, pour beaucoup d'entre eux, du pilotage de telle ou telle branche de la Sécurité sociale, ou de cette institution dans son ensemble. Prenons par exemple la LFSS pour 2020 du 24 décembre 2019. Cette loi formule un ensemble de commandements qui s'adressent à différents acteurs, décident le montant des budgets (« crédits ») attribués à différents organismes ou à certaines actions, et prévoient des résultats de gestion (notamment des déficits). Nous citerons surtout le condensé qu'en donne le site officiel *vie-publique.fr*, car la formulation de la loi elle-même peut poser des problèmes de compréhension à qui n'est pas du sérail.

Cette loi « prévoit un déficit combiné du régime général (famille, maladie, vieillesse et accidents du travail) et du fonds de solidarité vieillesse de 5,4 Md€ en 2020. Le déficit prévu dans le projet de loi était de 5,1 Md€. Il a été relevé pour tenir compte du plan d'urgence pour l'hôpital public présenté par le gouvernement le 20 novembre 2019. » Cette première phrase de la présentation nous plonge d'emblée dans le bain : le législateur ne légifère pas, il entérine ou corrige des prévisions budgétaires. Plus précisément, il érige en loi la dernière en date des prévisions, bien qu'elle n'ait guère plus de chances d'être vérifiée que n'en avait celle qu'elle remplace. Là encore, Antoine de Saint-Exupéry avait tout dit en quelques mots et points de suspension dans le chapitre dix du *Petit Prince*, où son personnage pur et logique est confronté à un Roi qui veut absolument être obéi. Ne pouvant empêcher le Petit Prince de bâiller, ni l'obliger à bâiller, ce Roi finit par lui ordonner « tantôt de bâiller et tantôt de … ». Nos LF et LFSS seraient bien mieux obéies si elles ordonnaient de « tantôt réaliser un excédent et tantôt de… ».

Vient ensuite une disposition volontariste, du moins dans sa formulation : « l'objectif national des dépenses d'assurance maladie (Ondam) est fixé à + 2,45 % (contre 2,3 % prévu initialement), soit un total de 205,6 Md€. » En fait, les dépenses de la branche maladie ne sont pas faciles à déterminer à l'avance : il eut été, et il est encore en ce mois de juillet 2020, bien difficile de prévoir les coûts supplémentaires liés à l'irruption du Covid-19. Que ses débuts en novembre 2019 à Wuhan en Chine, aient été légèrement antérieurs à la promulgation de la LFSS la veille de Noël est une circonstance qui ne suffit évidemment pas pour faire une prévision précise et fiable des dépenses supplémentaires qu'engendrera cette épidémie au cours de l'année 2020. Il aurait été plus sage de publier une prévision de dépenses dans un texte n'ayant pas de caractère normatif. Et cela eut été également plus sage pour la LF qui, dans les circonstances actuelles, constitue un ensemble de commandements ayant, pour beaucoup d'entre eux, une bien faible probabilité d'être obéis. L'Etat peut **décider** dans certains cas, par exemple quand il s'agit de fixer le taux d'une cotisation ou d'un autre type de prélèvement obligatoire, ou certains éléments de calcul d'une prestation, mais pas dans tous les cas.

Tout cela montre que les textes pompeusement dénommés *Lois de Financement de la Sécurité sociale* n'ont pas le genre littéraire adéquat : ils rassemblent principalement des énoncés de décisions qui relèveraient, en bonne logique, non du législateur, mais de la Direction de la Sécurité sociale, et des prévisions forcément aléatoires qui pourraient provenir soit de cette même direction, soit de quelques autres organismes dûment équipés pour étudier des scénarios en fonction de diverses hypothèses. Il reste quelques éléments de nature réellement législative, qui n'ont aucune raison d'être produits une fois par an aux environs de Noël : ces éléments seraient plus à leur place dans une courte loi digne de ce nom que dispersés dans des textes dont l'objet principal est la gestion ou la prévision.

SECONDE PARTIE

CE QU'IL FAUT FAIRE

Après avoir dressé le constat de ce qui ne va pas dans la conception et le fonctionnement de notre bonne vieille *Sécu*, il convient de faire des propositions d'amélioration. Ces propositions doivent-elles être modestes, dans l'espoir qu'en proposant à nos dirigeants et à nos compatriotes de faire un petit pas dans la bonne direction nous les convaincrons plus facilement de passer à l'action ? Doivent-elles plutôt constituer un schéma complet de réorganisation, débouchant sur une *Sécu* non pas seulement améliorée à la marge, mais reconstruite des fondations au grenier ?

Notre choix s'est porté sur la seconde option, au risque de donner aux esprits conservateurs, nombreux dans la sphère politique française, une bonne raison pour dire *Niet* ! Il existe en effet des circonstances dans lesquelles l'appel à la prudence n'est pas raisonnable. La pusillanimité conduit à coup sûr à ne faire que des changements médiocres, « du nouveau encore un coup, mais qui soit exactement semblable à l'ancien », selon la formule de Paul Claudel dans *Le soulier de satin.*

Le quotidien des hommes politiques et des hauts fonctionnaires regorge de ces changements insignifiants, décidés puis exécutés pour montrer qu'ils s'occupent des problèmes, qu'ils agissent, et donc qu'ils existent, alors que les mesures qu'ils inscrivent dans une nouvelle loi ou un nouveau décret ne remédient pas aux difficultés, aux incohérences, aux injustices visées, si ce n'est de manière marginale. Une cause importante de cette inefficacité est évidente : les « mesures » ne consistent qu'en modifications apportées au coup par coup, en fonction des mouvements sociaux et des poussées de prurit réformateur qui surviennent de temps à autre au sein de la classe politique.

Un plan d'ensemble, une stratégie à long terme, sont indispensables pour déboucher sur des améliorations conséquentes et solides ; nos dirigeants n'iront pas loin s'ils pédalent le nez dans le guidon. Même le « grand » projet de réforme des retraites issu du rapport Delevoye n'est pas à la hauteur, notamment parce qu'il s'inscrit dans la fausse logique d'un « silo » retraites, si bien qu'il est prisonnier de la plus grande des inepties qui handicapent actuellement notre sécurité sociale, à savoir l'idée que le paiement de ce que nous devons à nos aînés est ce qui justifie l'obtention d'une créance sur nos cadets. Essayons donc de prendre de la hauteur, de porter notre regard sur ce qu'il importe vraiment de réformer.

CHAPITRE 1

Six préliminaires

Premier préliminaire : sortir de la prolifération des textes

Le rapport public 1991 du Conseil d'Etat, dans ses « Considérations générales » qui avaient pour sujet *La sécurité juridique*, dénonçait déjà *La prolifération des textes* (pages 15 à 23), *L'instabilité des règles* (pages 23 à 32) et *La dégradation de la norme* (pages 32 à 47). Depuis lors, la production normative a encore beaucoup enflé, comme le montrent quelques chiffres : le recueil des lois publié par l'Assemblée nationale est passé de 433 pages en 1973 à 3 721 pages en 2004. Le Conseil d'Etat, dans son étude *Mesurer l'inflation normative* du 3 mai 2018, s'est intéressé aux modifications apportées en une année à l'ensemble des codes : ce nombre annuel a presque triplé entre 2000 et 2009 ! Ensuite l'inflation semble continuer, à un rythme plus modéré. Ces chiffres ne doivent pas être considérés comme des indicateurs précis, mais ils ne démentent pas, c'est le moins que l'on puisse dire, le diagnostic de prolifération et d'instabilité des normes porté en 1991 par le Conseil d'Etat.

Incroyable mais vrai : pour illustrer l'inflation de la production normative, nous en sommes réduits à donner des chiffres hétéroclites et lacunaires, parce que nous ne disposons pas de statistiques cohérentes relatives à cette production sur la totalité de la Vème République ! Il est accablant de constater que dans son étude publiée en 2018 le Conseil d'Etat semble ne pas connaître le nombre exact des modifications apportées aux codes au-delà de l'année 2009. On dirait que le thermomètre a été relégué au fond d'un tiroir pour ne pas voir monter la température ! Naturellement, cette politique de l'autruche n'empêche pas qu'il fasse de plus en plus chaud.

L'information la plus récente, à savoir le nombre de projets et de propositions de loi examinés durant la session 2018-2019 (du 1er octobre 2018 au 30 septembre 2019) fait état de 68 projets de loi (origine gouvernementale) et 460 propositions de loi (origine parlementaire). Il est évidemment impossible de travailler sérieusement sur un tel nombre de textes. Le législateur s'est engagé sur la voie d'une production normative trop importante quantitativement pour être de bonne qualité. La France n'a pas besoin de tant de textes **; l'obésité normative est un handicap pour le pays**. La première chose à faire est donc une cure d'amaigrissement législatif et réglementaire, pour que notre système normatif comporte plus de muscle et moins de mauvaise graisse.

Second préliminaire : ne plus concevoir les lois comme étant des collections de décrets

Une seconde tâche à entreprendre, également importante, est d'en finir avec les « **lois de commandement** », c'est-à-dire les textes soi-disant législatifs qui, en réalité, constituent des décrets ou, plus fréquemment, des collections de décrets donnant des ordres aux administrations et à la population. Le Parlement est surchargé parce que le Gouvernement n'assume pas pleinement ses prérogatives et ses responsabilités : on dirait qu'il veut se couvrir, se protéger contre les accusations possibles de mauvaise gestion ou de recours insuffisant aux représentants élus de la nation en faisant avaliser par le Parlement toutes sortes de dispositions qui, en bonne logique, devraient être prises par le Conseil des ministres ou par un ministre, voire même par le directeur de telle ou telle administration, et non par le Législateur.

Gouverner, c'est prendre des décisions importantes, structurantes, que les administrations devront appliquer de façon intelligente, en s'attachant à l'esprit plutôt qu'à la lettre des textes ; ce n'est pas préparer et faire voter des textes de loi qui ne sont que des stocks de commandements. Ce recours incessant aux lois « collections de commandements » déresponsabilise les personnes et les organismes tels que le comité de direction de la sécurité sociale dont le rôle devrait précisément être de prendre la plupart des décisions de gestion d'une certaine importance. Et, naturellement, si la direction centrale de la sécurité sociale est une simple courroie de transmission de décisions prises à un niveau politique, les directions de rang inférieur sont elles aussi fortement déresponsabilisées.

Troisième préliminaire : rendre la direction de la sécurité sociale véritablement responsable

La répartition des rôles entre le Parlement, le Gouvernement et la Direction de la sécurité sociale est mauvaise : on demande au Législateur de se substituer à cette Direction, en votant des textes préparés par le Gouvernement ; cette Direction est ainsi réduite au rôle d'exécutant, et donc largement déresponsabilisée. Non seulement la loi, mais aussi le décret et l'arrêté, sont galvaudés à force d'être utilisés pour la sécurité sociale. Que la moindre décision de mise sur le marché et de remboursement d'un médicament ou d'une prothèse passe par un texte normatif **gouvernemental** est clairement un signe de mauvaise gouvernance : si la direction de la sécurité sociale doit être soumise à un examen *a posteriori* pour, le cas échéant, être félicitée de ceci et blâmée de cela, elle ne doit pas être réduite au rôle d'organe d'exécution de décisions prises par un ministère. Elle doit être pleinement responsable : prendre elle-même les décisions de gestion, quitte à se faire gourmander, voire remplacer, si les résultats sont mauvais.

Actuellement, Gouvernement et Parlement font une partie du travail qui devrait être celui de la direction de la *Sécu*, sans en avoir la compétence technique, et en se privant de la possibilité de sanctionner ladite direction, puisqu'elle exécute des ordres venus d'en haut. Toute décision est politisée, au lieu de rester au niveau technique lorsque ce serait normal, c'est-à-dire dans la grande majorité des cas. Présidence, Gouvernement, Parlement, préparent ainsi des verges pour se faire battre, et leur masochisme ne profite à personne, si ce n'est à l'Opposition ; il nuit gravement à l'efficacité d'ensemble de la *Sécu*.

Pour les retraites, si jamais le projet de passage à un régime unique comptabilisant les droits à pension à l'aide de points finit par voir le jour, il faudra veiller à ne pas confier au niveau politique des décisions techniques telles que fixer (initialement) puis modifier (de temps à autre) le prix d'acquisition du point, sa valeur de service, et l'âge pivot : priver la Direction de la branche retraite de la sécurité sociale de cette fonction déresponsabiliserait ses membres et ramènerait le pays à la situation actuelle où les partenaires sociaux et les hommes politiques se substituent à l'autorité compétente appuyée sur une solide équipe d'actuaires et autres spécialistes.

Quatrième préliminaire : relever le niveau de compétence

Le diagnostic de prolifération et d'instabilité de la législation et de la réglementation vaut pleinement, hélas, pour la protection sociale. Mais il y a plus grave encore dans ce domaine : les réformes ne sont fondées ni sur des analyses économiques solides, ni sur une bonne connaissance des fonctions qui devraient être celles de la norme juridique en matière de sécurité sociale.

Le projet de réforme des retraites dont le rapport Delevoye a donné le coup d'envoi est typique : il vise certes à juste titre la mise en place d'un régime unique se substituant aux 42 régimes actuels, mais il conserve le principe économiquement absurde de droits à pension attribués en fonction des cotisations versées au profit des retraités. Qui plus est, il n'envisage absolument pas la complémentarité des deux types de retraites, par répartition (basées sur la formation de capital humain) et par capitalisation (basées sur la formation de capital classique).

Le raisonnement en silos, dont la première partie a montré le caractère pernicieux, a interdit à ce « Haut-Commissariat » de proposer une réforme qui ferait des droits à pension, en répartition, de justes retours sur investissement dans le capital humain : il aurait en effet fallu sortir du « silo retraites » pour prendre en considération les investissements dans le capital humain, lesquels relèvent notamment de la branche famille, de l'Education nationale, de la formation continue, et de l'Assurance maladie-maternité. **Le raisonnement en silos a cantonné le projet de réforme des retraites au remplacement d'une multiplicité de systèmes de Ponzi par un seul** ; il a rendu impossible le changement le plus important, à savoir le remplacement d'un système fondé sur un droit positif déconnecté de la réalité économique par une organisation rationnelle des échanges entre générations successives. Pour avancer, il faut abandonner le raisonnement en silos.

Les problèmes viennent pour une bonne part de ce que l'on confie trop fréquemment la préparation des réformes, et la gestion des administrations, à des personnes qui n'ont pas les compétences requises. Or il convient de réaliser des changements non pas « ambitieux », adjectif galvaudé par les réformateurs à la petite semaine, mais tout simplement « sérieux », basés sur une analyse économique pertinente des services attendus de notre système de protection sociale et des moyens à mettre en œuvre. Pour cela, il faut des hommes et des femmes pourvus d'une réelle compétence relative au fonctionnement de l'économie en général, et du report de revenu en particulier : des connaissances pour l'acquisition desquelles l'ENA et l'ENSAE (Ecole nationale de la statistique et de l'administration économique) n'ont pas particulièrement fait leurs preuves.

L'incompétence des élites : premier cas de confusion conceptuelle

Pour illustrer ce propos sévère, voici deux cas de confusion conceptuelle que nous avons rencontrés, l'un dans un article écrit par un membre de la Direction du Trésor, l'autre dans une publication signée par trois économistes-statisticiens de la

DREES, la Direction de la recherche, des études, de l'évaluation et des statistiques (des ministères sociaux).

Le premier article, *Pour une clarification de la contributivité de la protection sociale*, d'Antoine Herlin, a été publié par *Trésor-éco*, n°200, juin 2017 ; j'en ai analysé les erreurs dans la *Revue de Droit Sanitaire et Social*, janvier-février 2018, pp 135-145 (*Contributivité juridique et contributivité économique en matière de protection sociale*). J'ai naturellement envoyé mon article au fonctionnaire du Trésor ; il n'a pas répondu. La question était pourtant fondamentale : peut-on considérer comme contributive une prestation attribuée en fonction de cotisations qui ne servent en rien à préparer économiquement, réellement, les prestations auxquelles elles ouvrent droit ?

Comme il arrive, la vérité sort, sinon de la bouche des enfants, du moins d'un conte destiné aux enfants : *Les habits neufs de l'Empereur*. Andersen y montre excellemment la façon dont le droit peut travestir la réalité. Les escrocs ayant persuadé l'Empereur qu'ils l'ont vêtu d'un habit merveilleux, alors qu'il est resté nu, correspondent aux législateurs et autres travestisseurs de la vérité qui ont affirmé aux adultes qu'ils se préparent une retraite en cotisant pour celle de leurs aînés. En fait, cet argent étant dépensé au fur et à mesure par les retraités pour leur usage personnel, et non consacré à mettre au monde et élever les futurs cotisants, il ne sert à rien pour préparer les pensions de ceux qui les versent. Simplement, la loi ayant décidé qu'entretenir les « anciens » ouvre des droits de prélèvements sur les nouvelles générations, la fiction juridique l'emporte sur la réalité économique. L'attribution de droits à pension en raison du versement de cotisations vieillesse destinées aux retraités est un exemple de contributivité juridique sans rapport avec la contributivité réelle. Le Conseil d'Etat avait épinglé en 1991 la propension du législateur à édicter un droit « bavard » ; il pourrait épingler pareillement sa persévérance à conserver et développer, en ce qui concerne les retraites, un droit psychédélique, dépourvu de tout bon sens.

Proposons une variante du conte d'Andersen : pour éviter que le monarque reste effectivement nu, les escrocs qui n'ont rien préparé pour lui repèrent deux ou trois passants, les arrêtent, les dépouillent d'une partie de leurs vêtements, promettant de leur en savoir gré dans quelques décennies, et en revêtent l'Empereur. Ce dernier n'est pas totalement dupe, mais il feint de croire que ce costume a été fabriqué grâce au bel argent qu'il a précédemment versé. Voilà ce qui explique qu'une large fraction de nos élites s'obstine à répéter qu'on a tissé pour l'Empereur (le peuple) un habit de lumière, alors qu'on a réquisitionné pour ses membres âgés les vêtements d'un passant, non sans lui promettre qu'à son tour il recevra un beau costume. Une fausse notion de contributivité a été mise en place par les législateurs, avec l'aide de hauts fonctionnaires, pour assurer le fonctionnement d'un système de retraites ubuesque ; elle fonctionne assez bien tant qu'il y a des naissances, mais en confisquant l'apport des parents elle sape peu à peu la propension immémoriale à engendrer : la baisse de la natalité en est la conséquence logique.

C'est là le « hic ». Le mois de mai 2020, le plus récent pour lequel nous connaissons (au jour où j'écris) le nombre de naissances en France métropolitaine[19], présente le score du « joli mois » le plus faible depuis 1945, à savoir 58 600. C'est la première fois depuis la guerre 1939-1945 que les naissances du mois de mai descendent en dessous de 60 000. Il y en avait eu 72 000 en mai 1946, pour une population de 41 millions d'habitants, alors que maintenant la population atteint 67 millions. Et malgré cela, perdus dans un rêve de cotisations contributives, nos systèmes de retraite (y compris les régimes complémentaires, qui n'appartiennent pas à la Sécu *stricto sensu*) continuent à promettre la lune au nom d'une notion de contributivité parfaitement rocambolesque.

Second cas de confusion intellectuelle

La seconde publication, *Compte de l'enfance*, constitue le n° 50 des *Dossiers de la DREES*, paru en février 2020. Elle présente une double confusion intellectuelle. La première, hélas très classique, porte sur les effets du quotient familial : les auteurs assimilent à une réduction d'impôt la différence entre la

---

[19] Les statistiques Outre-mer inclus sortent plus tardivement.

somme qui aurait été payée si le couple n'avait pas eu d'enfants à charge, et celle qui a effectivement été versée. Cette assimilation ne respecte pas la logique de l'impôt sur le revenu, et plus particulièrement du quotient familial, qui est de fixer le taux de l'impôt en fonction du niveau de vie du foyer fiscal[20]. Pour ces auteurs, l'équité voudrait qu'à niveau de vie égal, une famille avec enfants soit imposée à des taux supérieurs à ceux applicables aux personnes et couples sans enfants.

Une autre confusion présente dans ce document est liée à ce que ces auteurs appellent les « avantages familiaux de retraite », ou encore les « avantages différés ». En fait, comme Alfred Sauvy l'a expliqué il y a déjà un demi-siècle, « nous ne préparons pas nos retraites par nos cotisations vieillesse, mais par nos enfants ». Il est donc normal que des droits à pension soient attribués en raison de l'entretien et de l'éducation des enfants par leurs parents : ce sont typiquement des droits contributifs, découlant d'une contribution apportée en investissant dans le capital humain. Le droit positif ne tient compte de cette réalité économique que de façon très partielle, et discutable, notamment sous forme de ce que les auteurs du *Compte de l'enfance* appellent des « avantages différés ». Ces statisticiens effectuent des calculs de nature soi-disant économique comme si ces éléments de pension constituaient évidemment des transferts sociaux avantageant les parents. Une telle pratique s'explique par leur soumission aux interprétations erronées qu'imposent dogmatiquement des apparatchiks et des personnalités politiques incompétentes. Mais à quoi servent des économistes-statisticiens s'ils acceptent de façon irréfléchie, ou servile, les dogmes ridicules édifiés ou entérinés par des hommes politiques et des hauts-fonctionnaires dépourvus des compétences requises en sciences économiques ?

Une vraie réforme de la sécurité sociale ne se fera que si sa préparation puis sa réalisation sont confiées à des personnes capables de sortir des sentiers battus, d'innover en mettant en

[20] Notre analyse critique de l'étude DREES a été publiée dans *Les analyses de Population et Avenir* d'avril 2020 sous le titre « Un compte de l'enfance officiel éloigné de la vérité économique. Des leçons ignorées d'Alfred Sauvy ».

œuvre à la fois des raisonnements économiques pertinents et les savoir-faire que l'on trouve chez les bons entrepreneurs. Il ne semble pas que Jean-Paul Delevoye ait possédé ces qualités, mais ceux qui l'avaient choisi en ignorant, ou en pensant pouvoir tenir cachées, quelques casseroles qu'il traînait et dont la révélation a rendu nécessaire un changement de cheval au milieu du gué, ont ainsi révélé une autre facette de leur incompétence.

Cinquième préliminaire : en finir avec le changement pour le changement

Parlementaires, ministres et président de la République annoncent des changements parce qu'ils pensent nécessaire de manifester ainsi leur créativité et leur souci de l'intérêt général. Les malheureux citoyens sont en conséquence soumis à une multiplication et à une valse des règles juridiques dont les effets négatifs l'emportent souvent sur les effets positifs.

Montesquieu écrivait : « Il est parfois nécessaire de changer certaines lois, mais le cas est rare, et lorsqu'il arrive il ne faut y toucher que d'une main tremblante ». Le mépris dans lequel a été tenu cet adage nous a valu d'être encombrés, particulièrement dans le domaine de la protection sociale, d'un fatras législatif dont la nocivité est accrue par des montagnes de textes réglementaires. La moindre décision de simple gestion prend la forme d'un décret, et les lois annuelles de financement de la sécurité sociale, formule intrinsèquement inadéquate puisqu'il s'agit principalement d'édicter des commandements, et non des règles de juste conduite, sont devenues énormes et illisibles.

La dernière en date au moment où nous écrivons, celle du 24 décembre 2019, occupe 89 pages du JO. Or, à la même période de l'année les parlementaires doivent aussi se prononcer sur le projet de loi de finances (voté le 28 décembre, et occupant 219 pages au JO) : combien d'entre eux ont-ils, avant de voter, lu et compris de tels monuments ? En dehors de quelques vieux briscards, ayant déjà exercés plusieurs mandats, qui possède les codes nécessaires pour maîtriser la procédure et analyser le contenu des projets ?

Sixième préliminaire : définir les principales fonctions de la sécurité sociale

Pour déterminer ce qu'il faut faire, ce qu'il faut supprimer, transformer, modifier ou ajouter, il convient d'avoir bien présentes à l'esprit les fonctions de la sécurité sociale, et surtout les plus importantes d'entre elles. Il ne s'agit évidemment pas de s'en tenir aux fonctions présentées traditionnellement : celles-ci correspondent aux catégories souvent dépourvues de logique économique utilisées par de nombreux juristes et par la majorité des hommes politiques qui s'intéressent à la sécurité sociale. Il est quasiment impossible de faire une analyse et des propositions sérieuses si l'on ne sort pas de ce manège construit de telle façon que la réflexion tourne en rond[21].

Préciser les fonctions des organismes de sécurité sociale (au sens large du terme) requiert de comparer les problèmes qui se posent à la population et les services qui lui sont actuellement rendus par les institutions existantes. Nous devons analyser ce que sont véritablement les besoins auxquels la *Sécu* doit apporter des réponses : de la connaissance de ces besoins, et de l'étude des moyens à mettre en œuvre pour leur apporter une bonne réponse, découle la conception correcte des fonctions qui doivent être remplies par les institutions de protection sociale.

La sécurité sociale est fille de la devise républicaine : *Liberté, Egalité, Fraternité*. Le dernier mot est, en la matière, le

---

[21] Le lecteur qui souhaite avoir un aperçu de ce « manège » peut se rendre sur le site officiel solidarites-sante.gouv.fr : il y lira que les caisses de sécu « assurent l'assistance financière pour les différents risques (maladie, famille, retraite, accident du travail et maladies professionnelles) ». Tout est ramené à l'aide et à la lutte contre les inégalités. Rien qui se rapporte à l'investissement dans le capital humain, que ce soit à propos de la famille, de l'assurance maladie, de l'assurance AT-MP, ou de la lutte contre la pauvreté. Soit cette présentation destinée au grand public n'a pas été examinée par les ministres concernés, ce qui voudrait dire qu'ils ne remplissent pas les devoirs incombant à leurs fonctions, soit elle correspond à leur conception de la Sécu, et dans ce cas ils ont besoin d'un sérieux recyclage.

plus important : les citoyens sont unis par un lien qui s'inspire de celui qui soude entre eux les membres d'une même fratrie. Mais la Liberté est le complément indispensable de la Fraternité : nation d'hommes libres, la France se doit de mettre en œuvre une sécurité sociale qui ne soit pas un carcan administratif ! Il faut, au contraire, assurer la liberté de choix la plus importante possible, compte tenu des contraintes engendrées par le respect des principes de fraternité et d'égalité. Ce dernier ne doit pas conduire à une volonté de nivellement, évidemment vouée à l'échec : certains hommes sont plus intelligents, plus forts, plus riches ou plus puissants que d'autres, c'est ainsi. En revanche, il est possible de conforter ou d'instituer un principe d'égale dignité : par exemple, le dossier de retraite d'un modeste employé ne doit pas être constitué puis liquidé avec moins de soin, de professionnalisme et de respect que celui du PDG d'une grande société ou d'un conseiller d'Etat.

Le mot « fraternité » est souvent remplacé par « solidarité ». Cela s'explique : les liens entre frères et sœurs rendent la famille « solide », résistante aux épreuves. Au sein de la fratrie, le fort protège le faible, la grande sœur prend soin de ses cadets, sans que ce soit à sens unique : comme le disait Jean de La Fontaine, « on a souvent besoin de plus petit que soi ». L'espèce de religiosité émotive et irrationnelle qui s'est développée autour du mot « solidarité », le transformant, dans bon nombre de ses usages, en une baguette magique capable de faire passer des niaiseries pour des idées merveilleuses, nous incite à employer plus volontiers le substantif « fraternité ». Cela ne nous interdira pas pour autant d'utiliser l'expression « solidarité », en lui donnant son sens naturel : rendre solide.

Les grandes fonctions que met en œuvre la sécurité sociale, et plus largement le système de protection sociale, pour nous faire vivre dans un monde de liberté, d'égalité et de fraternité, sont aussi au nombre de trois : **l'assurance mutualiste, le report, et la redistribution**. Il importe de les définir clairement et de savoir comment elles peuvent et doivent se combiner entre elles ; tel est l'objet des prochains chapitres.

Synthèse des préliminaires : il faut nettoyer les écuries d'Augias !

Nous venons de constater que la situation réelle est la suivante : des parlementaires qui, pour la plupart, n'y connaissent pas grand-chose, et qui n'ont pas le temps de prendre correctement connaissance des dispositions soumises à leurs suffrages, avalisent des textes élaborés sans souci de la réalité économique, selon une logique administrative qui ne correspond pas à ce dont notre système de sécurité sociale a besoin pour fonctionner efficacement. Résultat : nous sommes paralysés par des montagnes de détritus législatifs et réglementaires qui se sont accumulées au fil des ans. Ce qu'il faut faire, c'est donc un travail d'Hercule : nettoyer les écuries d'Augias.

La mythologie grecque nous raconte comment Héraclès évacua en une seule journée le purin accumulé en 30 ans dans ces écuries fameuses : il fit une brèche dans leur mur et détourna deux rivières de façon que leurs eaux tumultueuses passent par ces bâtiments et emportent les immondices qui s'y étaient déposés pendant des décennies. Les Grecs antiques nous apprennent ainsi qu'il n'y a pas de fatalité : certes le fatras législatif et réglementaire relatif à la sécurité sociale, accumulé au fil des sessions parlementaires et de l'activité des ministères comme le purin dans les écuries d'Augias, est un bourbier où des incompétents ont enlisé notre chère *Sécu* ; mais si nous le voulons vraiment, et si nous sommes disposés à travailler dur et bien, nous pouvons l'en sortir.

« Aux grands maux les grands remèdes », dit la sagesse des nations : en route pour les grands remèdes ! Nous commencerons par la fonction assurance mutualiste.

CHAPITRE 2

L'assurance mutualiste

La charité fut longtemps le moteur de la lutte contre la misère, et donc de la fraternité. On dispose par exemple d'un très intéressant « édit portant règlement pour la nourriture et l'entretien des pauvres de la ville et des faubourgs de Paris », édit promulgué par Henri II en 1547. L'année était mauvaise, les récoltes maigrichonnes, ce qui provoquait une mendicité très importante. Nombre de pauvres gens venaient à Paris, espérant y trouver soit de l'emploi, soit des secours. Un chroniqueur de l'époque écrivait : « en peu de temps y est afflué si grand nombre de pauvres que les aumônes triplées n'eussent pu fournir à leur nourriture et sustentation. »[22]

De chacun selon ses capacités, à chacun selon ses besoins

Pour apporter une solution, l'édit ordonne une mobilisation des organes capables de recueillir des fonds, principalement les paroisses – la laïcité n'était pas dans l'air du temps ! Il organise aussi une sorte de péréquation entre paroisses riches et pauvres, pour que l'argent aille là où le besoin est le plus grand. A première vue, il semblerait s'agir plutôt d'assistance et de solidarité que d'assurance *stricto sensu*, mais l'intervention du

[22] *La Sécurité sociale, son histoire à travers les textes*, tome I, Association pour l'histoire de la Sécurité Sociale, 1988.

souverain pour organiser un transfert entre les personnes dont la situation n'est pas ou est peu affectée, et celles que les malheurs du temps impactent le plus, constitue une forme primitive d'assurance instaurée par les pouvoirs publics. Telle est bien l'idée directrice de l'assurance sociale : une sorte de pacte édicté par les autorités, sollicité ou admis par la population, selon lequel, en cas de malheur, ceux qui ne sont pas affectés, ou ne le sont pas trop, se portent au secours des victimes, à commencer par les plus sévèrement touchées.

Ce que nous appelons « assurance mutualiste » se différencie de l'assurance classique, commerciale, qui demande à l'assuré le versement de primes indépendantes de ses ressources. Comme la charité organisée que l'on observe sous l'Ancien régime, elle correspond plutôt à la formule « de chacun selon ses moyens, à chacun selon ses besoins ». Louis Blanc fut l'un des premiers à proposer une telle formule, dans son ouvrage de 1839, *L'organisation du travail*, où il écrivait : « L'égalité n'existera d'une manière véritable que lorsque chacun produira selon ses facultés et consommera selon ses besoins ». Le fait que Louis Blanc fut un socialiste considéré comme très « à gauche », et que Karl Marx ait fait son miel de cette formule, ne doit pas conduire à la classer comme intrinsèquement partisane : sous une forme atténuée, qui permet au riche de consommer plus que ses besoins vitaux dès lors que ceux du pauvre sont couverts, elle constitue l'une des bases du consensus qui inspire depuis longtemps le soubassement doctrinal de la République française, que la majorité issue des élections soit plutôt de droite ou plutôt de gauche. « De chacun selon ses moyens », n'est-ce pas la formule spontanément mise en œuvre par l'entraide, la charité privée, une formule qui déborde les clivages idéologiques et partisans ?

Louis Blanc fait référence à l'égalité dans une question qui concerne au premier chef la fraternité, la solidarité : cela peut sembler un peu curieux. En réalité, il n'y a là rien que de très logique, car l'effort du riche versant 20 000 € sur 200 000 € de revenu est le même que celui de l'ouvrier qui cotise 2 000 € sur sa rémunération de 20 000 €. Des cotisations d'un montant inégal, obtenues grâce à un taux de cotisation identique pour tous, permettent d'obtenir les ressources nécessaires au financement de soins de qualité en cas de maladie ou d'accident, que le bénéficiaire soit riche ou pauvre. L'égalité du taux de prélèvement est plus pertinente que l'égalité de la somme prélevée : telle est l'idée maîtresse de la fraternité, idée toute simple reprise par nos assurances sociales.

Certains iraient même plus loin, comme jadis Jésus voyant dans la piécette offerte par une pauvresse plus que l'or donné par un notable : ils diraient qu'à taux de prélèvement égal l'effort fourni par l'ouvrier est le plus important, puisqu'il lui impose de renoncer à des dépenses plus nécessaires que la « partie de plaisir du riche », pour reprendre une expression d'Alfred Sauvy expliquant le bien-fondé de la progressivité de l'impôt sur le revenu et de son calcul utilisant le quotient familial.

Il existe deux variétés d'assurance mutualiste pour l'ouverture des mêmes droits. Par exemple, pour la même couverture maladie, l'une adopte un taux de cotisation identique pour tous, et l'autre rend ce taux progressif en fonction du revenu. Il ne s'agit pas ici de prendre parti pour l'une ou l'autre, mais de constater que l'une et l'autre se différencient de l'assurance commerciale.

Récapitulons : **L'assurance mutualiste, dans ses deux variantes, diffère de l'assurance commerciale en cela qu'elle demande des primes ne dépendant pas seulement du risque couvert, mais aussi – et fortement – du revenu de l'assuré, ce qui entraîne une redistribution des riches vers les pauvres, redistribution plus ou moins importante selon la liaison établie entre le revenu et le taux de cotisation**.

La prime d'assurance mutualiste a été le plus souvent fixée initialement comme une proportion du revenu, proportion calculée de telle façon que le total des primes encaissées soit égal (ou légèrement supérieur, par mesure de précaution) au total des débours prévus (prise en charge des sinistres et frais de gestion). Ensuite, la volonté redistributrice et le désir électoral d'obtenir les voix des pauvres entraîne, particulièrement dans les démocraties parlementaires, un glissement vers des formules d'assurance sociale à taux croissant en fonction du revenu.

Historique succinct de l'assurance mutualiste

Ce type d'assurance fut mis en œuvre, initialement, par des organismes privés, tels que des sociétés de secours mutuel. Prenons un exemple minuscule mais significatif, et qui a été bien étudié : la société de prévoyance et de secours mutuel de Sorgues, petite ville du Vaucluse qui fut au XIXème siècle un centre important de la culture et de la transformation de la garance, plante dont les rhizomes fournissaient une teinture rouge très appréciée. Cette société avait pour devise : « aimons-nous, aidons-nous. Un pour tous, tous pour un ». Elle engrangeait des cotisations et versait des secours à ceux de ses membres auxquels il arrivait malheur.

Cette assurance mutualiste a obtenu une reconnaissance officielle : Louis Napoléon Bonaparte, par décret du 26 mars 1852, a institué la formule « société de secours mutuel approuvée », institution locale placée sous la « protection » du maire et du curé. En 1862 il existait environ 4 600 de ces mutuelles, dont celle de Sorgues. Ces sociétés de secours mutuel rassemblaient environ 640 000 sociétaires ; ce n'est pas énorme, mais du moins le principe de l'assurance mutualiste était-il clairement reconnu et mis en pratique : chacun paie en fonction de ses moyens, et reçoit *grosso modo* en fonction de ses besoins, tout cela sous l'égide des pouvoirs publics, sans pour autant renoncer au principe d'une gestion associative.

Quelque 170 ans plus tard, les mutuelles sont nombreuses et jouent un rôle important, particulièrement pour l'assurance santé complémentaire, mais la forme dominante de l'assurance mutualiste est incontestablement, en France, la branche de la sécurité sociale dite *Assurance maladie*, dont le « chiffre d'affaires », si l'on peut dire, est proche de 200 Md€ par an, soit environ 9 points de PIB. Elle est obligatoire, à de rares exceptions près ; les prestations consistent principalement à prendre en charge des soins, et à verser des indemnités journalières pour compenser partiellement le manque à gagner dû aux arrêts de travail provoqués par la maladie ou l'accident[23].

L'assurance accidents du travail et maladies professionnelles (ATMP) remplit également les conditions de ce que nous appelons « assurance mutualiste ». Elle va plus loin que l'assurance maladie puisqu'elle protège aussi l'employeur contre certaines conséquences financières des accidents et maladies d'origine professionnelle, à savoir la prise en charge des frais médicaux et des rémunérations des salariés victimes d'un accident ou d'une maladie professionnelle dont la responsabilité pourrait être imputée, totalement ou partiellement, à l'employeur. En revanche, l'assurance ATMP ne protège pas l'entreprise contre les conséquences financières qu'a pour elle l'absence de certains salariés, particulièrement ceux qui sont difficilement remplaçables, pour cause d'accident ou de maladie professionnelle. Peut-être y a-t-il là une lacune à combler.

L'assurance chômage compense la perte de revenu due à la perte d'un emploi. Le taux de compensation est supérieur pour les bas salaires à ce qu'il est pour les salaires élevés, alors même que le chômage affecte statistiquement davantage les titulaires de faibles salaires. Il existe donc un effet redistributif, mais nous ne disposons pas des données qui permettraient de le dire plus ou moins important que celui de l'assurance maladie. Disons simplement qu'il s'agit très probablement d'une assurance de type mutualiste.

L'assurance mutualiste peut se combiner avec une autre fonction, et la dissimuler, alors-même qu'elle est primordiale

Considérons les dépenses relatives à la maternité. La branche maladie, en France, a pour dénomination complète

[23] Il s'agit de maladies ou d'accidents non liés à l'activité professionnelle. Les sinistres liés à cette activité sont pris en charge par une autre assurance publique, l'assurance dite ATMP (Accidents du Travail et Maladies Professionnelles), dont nous allons parler brièvement.

« assurance maladie, maternité, invalidité, décès ». Mais que vient donc faire la maternité, événement heureux, dans la galère de la maladie, de l'invalidité et du décès ? Elle y a été embarquée par commodité bureaucratique, parce que l'accouchement, devenu de plus en plus médicalisé depuis quelques décennies, a lieu le plus souvent dans un hôpital ou une clinique, avec intervention d'un obstétricien, ou d'une sage-femme, et du personnel hospitalier. Cela entraîne des coûts médicaux et paramédicaux, si bien que pour les comptables et le personnel administratif (y compris les statisticiens), il est commode de classer cette activité et les budgets correspondants dans un grand ensemble, que l'on pourrait appeler « assurance médicale au sens large ».

En revanche, **du point de vue économique, inclure les dépenses de l'assurance maternité dans la branche assurance maladie n'est pas raisonnable** : la grossesse n'est pas une maladie dont l'accouchement médicalisé serait le traitement ! **Du point de vue économique, la conception, la gestation et l'accouchement constituent un investissement dans le capital humain**. Le bon sens économique est en l'espèce supplanté par la tendance bureaucratique à opérer des regroupements en se basant sur des apparences, sans analyse sérieuse, et nos équipes de statisticiens se mettent hélas souvent au service de la bureaucratie, surtout lorsque cela leur facilite la production de masses de chiffres. Ils confèrent ainsi une sorte de légitimité à des comptabilités sottement organisées.

Un autre exemple de bêtise bureaucratique, toujours dans le domaine de la procréation, est le classement parmi les frais d'assurance maladie des dépenses destinées à rendre possibles des conceptions que différents problèmes physiologiques rendent impossibles ou peu probables sans intervention technique sophistiquée : la procréation médicalement assistée, ou PMA. Accomplir les actes médicaux permettant une conception et le bon déroulement d'une grossesse qui ne serait pas survenue sans eux, c'est certes primordialement créer du bonheur, mais c'est aussi le premier d'une série d'actes d'investissement qui aboutiront, une vingtaine d'années plus tard, à l'existence d'un travailleur supplémentaire, capable, dans un pays comme la France, de produire en moyenne plus de 2 M€ de valeur ajoutée en quelque 40 années de travail. La PMA est un mode de procréation statistiquement non négligeable : une étude de l'INED (Institut National d'Etudes Démographiques) montre que, depuis 2015, plus de 3 % des naissances françaises en proviennent chaque année. Depuis le début des années 1980, période où ces techniques sont devenues assez efficaces, jusqu'à fin 2019, le nombre de « bébés PMA » s'élève à environ 400 000[24].

La maternité n'est pas une maladie, mais un événement qui, humainement, est – sauf exception – considéré comme heureux, et qui, économiquement, constitue un investissement. Churchill disait qu'il n'y a pas de meilleur investissement que de faire boire du lait à un nourrisson : l'humour british permet de présenter de façon légère ce que l'économiste formule avec une certaine cuistrerie, à savoir que porter un enfant neuf mois durant, puis le mettre au monde et bien s'occuper de lui, est la première étape du plus vital des investissements, la formation du capital humain.

Ensuite, il faut continuer à investir dans cet être humain pendant une vingtaine d'années, plus ou moins, mais l'investissement a réellement commencé au moment où le spermatozoïde a fécondé l'ovule. Ce qui signifie, par exemple, que si la grossesse a requis ne serait-ce qu'une surveillance particulière du fœtus et de sa maman, ces actes « médicaux » sont économiquement comparables au travail de contrôle qualité réalisé pour la conception d'un nouveau logiciel ou d'un nouvel outil : il s'agit d'un investissement. Et cela continue bien au-delà de la petite enfance : la surveillance médicale, les traitements, les opérations, dont bénéficiera l'enfant puis l'adolescent, ne devraient pas être considérés uniquement ni même principalement comme dépenses mises à la charge de

---

[24] *Population et sociétés*, n° 556, juin 2018, plus extrapolation pour les années 2018 et 2019. Voir aussi le n° 451, de décembre 2008. Pour ceux qui s'intéressent au potentiel productif, à raison – en moyenne – de 2 M€ par bébé, la production supplémentaire ayant pour cause effective les PMA pratiquées de 1980 à 2019 s'élèvera au total à environ 800 Md€. Conception et enfantement riment avec investissement.

l'assurance maladie, mais aussi et surtout comme investissements dans le capital humain. Et, logiquement, les dépenses correspondantes devraient être imputées à la branche famille de la sécurité sociale, dont nous verrons qu'elle pourrait et devrait être chargée de tout le financement de l'investissement dans la jeunesse.

La routine administrative qui classe en assurance maladie les dépenses liées à la conception et à la naissance devrait donc céder le pas à la logique économique qui les classe en investissement. Concrètement, les frais d'accouchement, la PMA et tous les soins liés à la procréation, peuvent évidemment être payés à l'hôpital, à la clinique, au médecin, par l'assurance maladie, mais pour le compte d'une autre branche de la sécurité sociale, en charge de l'investissement dans la jeunesse et de ce que nous appellerons le report de revenu d'une période à l'autre de l'existence – fonction très importante, à laquelle est consacrée la seconde partie du présent chapitre. Hélas, actuellement, la mentalité bureaucratique prévaut dans le domaine de la sécurité sociale – et dans quelques autres, mais restons-en à la *Sécu* – et cette mentalité conduit à pratiquer un seul classement, celui qui s'appuie sur l'organisation administrative. Nos dirigeants ne se soucient pas de faire réaliser un classement correspondant à la réalité économique, et les organismes officiels de statistiques, au lieu de ruer dans les brancards, tirent docilement la charrette de ces quantités de chiffres économiquement inadéquats.

Résultat : nous continuons à ne disposer, en dépit de masses de données phénoménales, que de peu de renseignements pertinents, parce que **les concepts à partir desquels a été construit notre appareil statistique dans le domaine de la sécurité sociale constituent une sorte de copier-coller de son organisation administrative**. Il est inadmissible qu'une façon de faire bureaucratique se soit imposée de telle manière que la facturation d'un accouchement aboutisse à gonfler un poste statistique « assurance maladie », alors que celle-ci agit comme simple intermédiaire, comme mandataire d'un organisme en charge de l'investissement dans le capital humain et du report de revenu d'une période à l'autre de l'existence.

De la même manière, le paiement des actes médicaux et produits pharmaceutiques destinés aux retraités, s'il est pratique qu'il soit techniquement effectué par l'assurance maladie, doit l'être pour le compte de l'assurance vieillesse. Ce sont les cotisations vieillesse qui devraient en bonne logique financer l'assurance maladie des retraités, comme leur nourriture, leur habillement, leur logement et leurs loisirs, pas les cotisations maladie des actifs !

La construction d'un outil statistique inspiré par une analyse économique sérieuse est clairement une des tâches importantes et urgentes que nous devrions entreprendre dans le cadre de la réforme de notre système social. Cette affirmation est corroborée par ce que nous allons étudier un peu plus loin : le report de revenu d'une période à l'autre de l'existence (nous dirons simplement « report ») dépasse largement l'institution (morcelée en une quarantaine de « régimes ») que l'on appelle couramment « assurance vieillesse ». Que les séances de kiné d'un retraité soient techniquement réglées à ce professionnel par l'assurance maladie, fort bien, mais que celle-ci agisse comme simple intermédiaire, pour le compte de l'organisme en charge de la seconde fonction, le report, voilà ce que requiert une organisation économiquement rationnelle de la sécurité sociale.

Un problème analogue se pose à propos de l'assurance dépendance, qui souvent a pour fonction de rendre service à des personnes dont les infirmités sont dues au grand âge, mais qui prend aussi en charge des personnes nées avec un important handicap, ou ayant perdu leur autonomie dans la force de l'âge, souvent à la suite d'un accident ou d'une grave maladie.

L'assurance dépendance

Les dernières années de la vie sont assez fréquemment vécues dans une situation de perte d'autonomie, ou dépendance. Et il arrive aussi que cette situation survienne beaucoup plus tôt. Une caisse spécifique, alimentée principalement par le budget de l'assurance maladie, a été créée par une loi du 30 juin 2004. Cette Caisse nationale de solidarité pour l'autonomie, ou

CNSA, dispose pour 2020 d'un budget de 27,6 Md€, qui sert principalement au versement d'allocations personnalisées d'autonomie (APA). Le calcul du montant de l'APA est assez compliqué : il dépend à la fois des ressources de la personne bénéficiaire et de la gravité de ses handicaps. Ces bénéficiaires sont répartis en six classes GIR (« groupes iso-ressources »). Pour les personnes relevant du GIR1, les plus handicapées, le plan d'aide peut atteindre 1 700 € mensuels.

La CNSA est à cheval sur trois fonctions :

- Prolongement naturel de l'assurance maladie quand il ne s'agit plus d'affections ou de traumatismes guérissables grâce à des traitements appropriés, mais d'une diminution très probablement irréversible de la capacité à « se débrouiller », diminution requérant une assistance, plus ou moins importante, pour l'accomplissement des actes de la vie courante.
- Assistance pécuniaire aux personnes dont les ressources ne suffisent pas pour rémunérer les « aidants » para-médicaux et ménagers, ou pour payer un Ehpad.
- Complément de pension relevant économiquement du report.

A première vue, la fonction dominante est l'assurance maladie : il s'agit de remédier à un problème de santé, physique ou mentale, et cela non seulement pour des personnes âgées, mais aussi pour des personnes handicapées encore éloignées des âges traditionnels de cessation de l'activité professionnelle. Cependant l'aspect redistribution est important : les personnes « riches » n'obtiennent rien, ou pas grand-chose. Et une autre problématique est également présente : le plan *Vieillir en bonne santé 2020 – 2022*, présenté en janvier 2020, veut promouvoir une « stratégie globale en faveur de la prévention de la perte d'autonomie ».

L'idée simple et saine de ce plan est qu'il vaut mieux agir avant l'apparition de graves handicaps que soigner ou aider une personne dont on n'a pas eu l'idée de s'occuper plus tôt, parce qu'elle n'entrait pas dans une catégorie administrative *ad hoc*. On retrouve là l'importance de l'investissement dans le capital humain, non pas seulement celui de nos descendants, mais aussi le nôtre : sa détérioration peut coûter très cher à la collectivité. Certes, des efforts pour « bien vieillir » n'éradiqueront jamais la dépendance, mais ils peuvent en limiter l'occurrence et la gravité : l'investissement dans le capital humain, dont nous allons voir l'importance en étudiant la fonction « report », apparaît dans ce cas aussi comme ayant une importance … capitale.

CHAPITRE 3

Le report

Le mot « report » sera employé ici dans un sens précis : reporter du revenu d'une période à une autre. Nous reportons sans cesse du revenu sur de courtes périodes, particulièrement lorsque nous étalons sur tout un mois la dépense du salaire perçu au titre du mois précédent, mais ici l'intérêt sera centré sur le report à long terme, et même à très long terme : la sécurité sociale (au sens large) est en effet, dans la plupart des pays développés, et notamment en France, le plus important organisateur de report de la période professionnellement active de l'existence à la période professionnellement inactive par laquelle, le plus souvent, elle se termine. Il s'agit donc ici d'étudier la façon dont nous nous y prenons pour reporter du revenu de la période de notre vie qui est professionnellement active vers les années et décennies qui, sauf décès précoce, lui succèdent.

La notion de revenu

Commençons par éclaircir un point névralgique : qu'est ce « revenu » dont on cherche à reporter l'utilisation ? Si nous cédions à l'illusion monétaire, nous dirions : c'est de la monnaie, une certaine somme en euros, ou en dollars, ou en Yens, etc. Mais en réalité, c'est l'accès à des biens et à des services : un logement, de la nourriture, des vêtements, de l'électricité, des soins médicaux, des spectacles, des voyages, et ainsi de suite. Le revenu réel, constitué de biens et de services, ne doit pas être oublié au profit du revenu monétaire, simple intermédiaire. Prenons l'exemple d'une boite de marrons glacés que vous recevez pour votre anniversaire : certes, si vous voyez le facteur ou l'employé d'Amazon venu livrer ce paquet, vous le remercierez poliment, mais vous remercierez surtout la personne qui a eu la délicate attention de vous offrir votre friandise préférée. La monnaie joue en économie le rôle du facteur : c'est un intermédiaire commode. Mais ce qui vous échoit, votre revenu dans cette affaire, ce sont les marrons glacés.

Les formes primitives du report de revenu ne suffisent plus

Puisque nous avons pris en exemple un aliment, souvenons-nous qu'il y a quelques siècles, la nourriture constituait la part la plus importante du revenu réel. Rappelons-nous l'ingéniosité déployée par nos ancêtres pour reporter du revenu de l'époque des moissons et des vendanges vers celle de la froidure, en conservant des grains dans des silos *ad hoc*, des œufs dans de la saumure, de la paille et du bois de chauffage dans des granges, et ainsi de suite. Reporter du revenu d'une période de l'année à l'autre est d'ailleurs une activité à laquelle se livrent également, de façon astucieuse, bien des espèces animales, comme la fourmi que Jean de La Fontaine oppose à la cigale dans une de ses fables les plus connues.

Le report sur de plus longues périodes requiert d'autres techniques. Si, de nos jours, une partie de la nourriture peut être reportée en étant congelée ou enfermée dans une boite de conserve, il est difficilement envisageable que chaque être humain stocke entre 20 et 60 ou 65 ans de quoi se nourrir pendant le petit quart de siècle qu'il va (en moyenne) passer à la retraite. Il est encore davantage hors de question de stocker une énorme quantité d'électricité. Quant aux soins médicaux, à l'information, ou à l'exercice de la justice, c'est tout simplement impensable. Et comme notre économie produit, en valeur, plus de services que de biens physiques, nous sommes obligés de compter massivement sur la production future.

Les facteurs de production et le report de revenu

Pour qu'une production soit effectuée, il faut des facteurs de production, monsieur de La Palice et les titulaires du prix Nobel d'économie en seront d'accord. Cette lapalissade fournit la clé du report de revenu : pour reporter du revenu, je vais consacrer une partie de ce que je gagne à financer la production des futurs facteurs de production. Cela me procurera des droits sur ce capital accumulé, de façon que me revienne une partie de la production qui sera effectuée dans dix, vingt, trente ou cinquante ans. Tous les retraités, y compris dans le plus communiste des pays communistes, sont des capitalistes qui vivent de leurs rentes – appelées « pensions[25] ».

Autrement dit, pour reporter du revenu monsieur ou madame X commence par le dépenser en investissant ou par le prêter (le plus souvent indirectement, notamment par l'intermédiaire des banques, et donc sans en avoir conscience) à des agents qui investissent. X peut notamment réaliser un investissement qui lui procurera un revenu en nature : beaucoup de retraités vivent dans un logement qu'ils ont acquis lorsqu'ils étaient professionnellement actifs. X peut aussi devenir, le plus souvent par l'intermédiaire d'un fonds de pensions, copropriétaire d'entreprises et de bâtiments, et créancier de particuliers, d'entreprises et d'administrations : dans un premier temps X investit, finance l'acquisition ou la mise en place de moyens de production, de façon à être en mesure, dans un deuxième temps, d'utiliser pour ses dépenses les dividendes, intérêts et remboursements issus de ses investissements, ainsi que le produit de la revente de ceux de ces biens capitaux accumulés qui sont susceptibles d'être vendus. Mais les investissements de

[25] Ce mot vient du latin *pendere*, verbe qui signifie à la fois peser et payer. La pension est versée régulièrement, par exemple chaque mois : c'est l'aspect « payer ». Et elle est calculée selon des règles précises, c'est son côté « peser ».

cette sorte ne suffisent pas, car ils ne portent que sur une fraction du capital productif, *grosso modo* un tiers.

Le capital réel est en effet majoritairement composé d'êtres humains. L'homme est le facteur productif le plus important. Un rapport de Stiglitz, Sen et Fitoussi[26] estime « à la louche » que la population d'un pays comme la France représente les deux tiers de son capital productif. Pour prendre un exemple, l'investissement réalisé pour passer (en une bonne vingtaine d'années) d'un ovule fécondé par un spermatozoïde à un chauffeur routier est bien supérieur à celui que représente la construction du gros semi-remorque dont ce chauffeur tient le volant. Investir dans le matériel, au sens large, incluant par exemple les logiciels, dans l'organisation (y compris les lois et décrets), et dans la recherche, représente moins de la moitié de l'investissement requis pour que fonctionne l'économie. Le capital humain compte pour plus de la moitié du stock de capital.

Il en résulte que la préparation des retraites passe non seulement par la fabrication de bâtiments, de camions, de logiciels, l'invention de traitements médicaux et la mise en place de bien d'autres facteurs de production que peuvent financer des *fonds de pension*, mais aussi et plus encore par la conception, la mise au monde, l'entretien et l'éducation des futurs chauffeurs routiers et autres travailleurs. Pour reporter à très grande échelle du revenu d'aujourd'hui vers l'avenir, la méthode principale, celle grâce à laquelle est réalisée une grosse majorité du report, c'est l'investissement dans les facteurs de production. Or ces facteurs ne se limitent pas au capital physique, technologique et organisationnel : ce sont aussi, et prioritairement, les êtres humains, des hommes et des femmes capables de faire tourner la machine économique, ce que l'on appelle le capital humain[27].

---

[26] Rapport de la *Commission sur la mesure des performances économiques et du progrès social*, 2009. Stiglitz et Sen sont titulaires du prix Nobel d'économie.

[27] Evidemment, l'esclavage ayant fort heureusement disparu sur la plus grande partie du globe, lorsqu'on a investi dans le capital humain il n'y a pas de vente possible : les droits sur les êtres humains existent, sans eux il n'y aurait pas de

Investir constitue la seule façon de reporter du revenu à très long terme en grande quantité ; si l'on n'a pas compris cela, on demeure dans l'ignorance de la façon dont fonctionne l'économie en général et les retraites en particulier. Or il existe deux variétés de capital, d'une part le capital appropriable (bâtiments, machines, brevets, stocks, etc.) et les infrastructures publiques, et d'autre part le capital humain ; cette dualité entraîne l'existence de deux formules de retraites : par capitalisation classique (fonds de pensions), et par capitalisation humaine (retraites dites « par répartition »).

La formule « retraites par répartition » est hélas ambiguë : elle peut désigner la retraite par investissement dans le capital humain, à laquelle les investisseurs ont droit parce qu'ils ont réalisé un tel investissement ; elle peut aussi désigner la promesse de pension imprudemment et démagogiquement faite à ceux qui se sont acquittés de leur dette envers leurs aînés en versant des cotisations au profit de ces aînés. Pratiquement toutes les retraites « par répartition » qui fonctionnent de nos jours sont du second type. Le jour où des législateurs intelligents remplaceront l'attribution des droits à pension au prorata des versements de cotisations vieillesse par une attribution au prorata des investissements réalisés dans la jeunesse, il vaudra probablement mieux ne pas conserver l'appellation « retraites par répartition ». Techniquement exacte, l'expression « retraites par capitalisation humaine » risque de heurter les personnes qui souhaitent utiliser cette forme de capitalisation (probablement la quasi-totalité de la population) mais voudraient ne pas avoir à employer cette formule. Trouver une autre expression serait utile.

Le vocabulaire forgé par la coutume est donc trompeur : tout système de retraites répartit entre ses adhérents retraités les revenus tirés des capitaux sur lesquels il possède des droits, que la nature de ces capitaux soit humaine ou physique et technologique. Toute caisse de retraite fonctionne donc à la fois, *de facto* sinon *de jure*, par capitalisation **et** répartition. Le

---

retraites par répartition, mais ils prennent la forme d'une créance détenue par un organisme de sécurité sociale qui, concrètement, a le droit de prélever des cotisations pour le compte des assurés sociaux.

vocabulaire classique obscurcit et fausse la perception du fonctionnement des retraites que peuvent avoir les citoyens. Nous sommes là confrontés à une manifestation particulièrement importante de l'obscurantisme véhiculé par certains aspects de nos législations.

Gardons-nous de l'illusion monétaire !

Facteur aggravant, le fonctionnement du report est souvent dissimulé par l'illusion monétaire. En l'absence d'inflation, ne suffit-il pas de conserver « son argent » sur un compte en banque, ou sous forme de billets, pour l'utiliser ultérieurement ? Certes, mais cette apparente simplicité cache une réalité plus complexe. Mon argent n'est pas une chose, comme jadis les pièces d'or ; il est une créance sur une banque, qui elle-même a prêté à des entreprises, à des particuliers ayant acheté leurs logements à crédit, ou à l'Etat qui, s'il est convenablement géré, a utilisé ses emprunts pour construire par exemple des routes et des lycées. Si ma banque a prêté surtout à des margoulins et à des incapables, elle fera faillite, et j'y perdrai des plumes, même s'il existe une assurance me permettant de récupérer une bonne partie de mon avoir[28].

En fait la monnaie est constituée de créances qui, sauf comportement délictueux du banquier ou de ses clients débiteurs, correspondent à des investissements ou à des stocks. Comme le disait Jean-Baptiste Say, la monnaie est un voile : ce qui compte, c'est ce qui se cache derrière le voile ! Détenir de la monnaie, en conserver, différer l'usage de sa créance sur une banque, c'est financer des moyens de production et des stocks.

Généralement, la monnaie sert surtout à des opérations de report à court terme. Je ne dépense pas mon salaire du mois N dans l'heure qui suit sa réception, je m'en sers pour effectuer des achats durant tout le mois qui précède l'encaissement de

[28] En France, pour récupérer tout ou partie du solde créditeur de mon compte je devrai m'adresser au mécanisme de garantie des dépôts à vue – une sorte d'assurance publique. Cet organisme officiel me procurera en remplacement de ma créance irrecouvrable une créance sur un établissement plus solide.

mon salaire du mois N+1. Les reports ainsi effectués sont de quelques jours ou quelques semaines. Si je veux reporter du revenu à plus long terme, je choisirai plutôt un autre instrument, dans une gamme qui va du carnet d'épargne disponible à vue à l'assurance-vie, aux actions et à l'immobilier. Mais cette liste ne comporterait-elle pas quelque oubli ? Si, bien sûr, et il s'agit même de ce qui est le plus important, le plus massif : l'investissement dans la jeunesse, que je récupérerai sous forme de pension de retraite et de maintien de ma couverture santé.

Retraite par capitalisation, retraite par répartition : similitudes, différences et incurie de la législation en vigueur

Quels sont les facteurs de production dotés d'une longévité suffisante pour réaliser du report à long et très long terme ? On pense immédiatement à l'immobilier : bien des Parisiens habitent un immeuble haussmannien, alors que le célèbre préfet qui a dirigé le remodelage de la capitale française est décédé en 1870. La terre est encore plus durable. Le cheptel, qui se reproduit, peut aussi servir à préparer l'avenir à très long terme. Les entreprises, du moins celles qui se renouvellent, qui essaiment, sont un facteur essentiel. Mais il existe un facteur encore plus essentiel : vous et moi, les êtres humains.

La première série de facteurs de production (entreprises, immobilier, infrastructures, etc.) permet d'organiser ce qu'il est convenu d'appeler des retraites par capitalisation, et l'humanité joue un rôle analogue pour ce que l'on nomme couramment la retraite par répartition. Le terme « répartition » est ambigu, et – nous l'avons déjà dit – parler de retraites par capitalisation humaine serait plus exact, mais les habitudes langagières ont la vie dure. Nous parlerons donc de retraites par répartition, tout en ayant conscience de commettre un abus de langage, et en nous rappelant que cette formule consiste économiquement à investir dans le capital humain quand nous sommes en pleine possession de nos moyens, puis à tirer profit de cet investissement en faisant valoir des droits sur nos cadets.

Problème : **le droit des retraites dites par répartition, en France mais aussi dans la plupart des pays, est ubuesque**. En effet, juridiquement, nos investissements dans le capital humain ne nous donnent droit à rien : les cotisations vieillesse, destinées à l'entretien des retraités, ont usurpé le rôle de générateur légal de droits à pension qui devrait logiquement être dévolu à l'investissement dans la jeunesse et au financement de la formation continue. Les cotisations destinées à fournir *en pay-as-you-go* des pensions aux retraités constituent la « mauvaise raison » qu'une législation absurde oblige à utiliser pour justifier nos droits à pension. Nous reviendrons évidemment sur les évènements qui ont conduit les législateurs de la très grande majorité des pays du globe à commettre une bévue de cette importance.

La véritable assurance vieillesse est bien plus coûteuse que le total des pensions

Après avoir acté, comme en son temps Alfred Sauvy, que la procréation, suivie par l'éducation, est l'investissement initial sur lequel reposent les retraites dites par répartition, jetons un coup d'œil sur l'autre extrémité de l'existence, le troisième et le quatrième âge. Les dépenses relatives à la santé sont en moyenne très supérieures pour les personnes âgées[29], alors que celles-ci, n'ayant souvent pas de ressources importantes en dehors de leurs pensions, cotisent peu à l'assurance maladie.

Actuellement, et ce depuis 1998, les pensions servies par les régimes de base sont exemptées de cotisation maladie. Les retraités ne financent l'assurance maladie que par deux prélèvements, assez modestes : la CSG[30], et une cotisation de

---

[29] Selon une étude de la DREES (*Etudes et résultats*, n° 378, février 2005), les enfants de moins de 10 ans se situent à 40 % de la dépense de soins moyenne, les personnes de 50 ans sont à la moyenne, et ensuite la dépense augmente fortement avec l'âge, jusqu'à 320 % de la moyenne pour les personnes ayant 80 ans ou plus.

[30] La CSG est prélevée sur les pensions à des taux différents selon la situation fiscale du retraité, et donc selon son revenu global : 3,8 %, ou 6,6 %, ou 8,3 %. La CRDS ne touche pas les petites pensions, mais s'applique au taux

1 % sur les pensions de retraite complémentaires. Les sommes qui manquent pour couvrir les dépenses de santé des retraités assumées par l'assurance-maladie proviennent des cotisations maladie des actifs, lesquels cotisent donc pour leurs aînés nettement plus que ne le laisserait supposer le seul taux des cotisations vieillesse.

Pour les salariés, à la somme de la CSG au taux de 8,3 % et de la CRDS à 0,5 % il convient d'ajouter les cotisations, qui certes sont dites « patronales », mais qui sont bien prélevées sur la rémunération totale du salarié, qui est le salaire « super-brut »[31]. Le taux est 7 % (du salaire brut) jusqu'au « plafond » de 2,5 SMIC, et 13 % au-delà. Le prélèvement d'assurance maladie sur la rémunération du salarié s'élève ainsi au minimum à 15,8 % du salaire brut, soit 1,7 fois le taux de prélèvement maximal applicable aux retraités. Payer beaucoup moins pour avoir droit à des prises en charges bien plus coûteuses, cela constitue un avantage important pour les retraités, avantage qui s'ajoute à leurs pensions.

Autrement dit, le recours des retraités à l'assurance maladie, en moyenne très supérieur à celui des actifs, est financé majoritairement par les cotisations maladie de ces derniers. Cela signifie que **les prélèvements sur les actifs au profit des retraités ne se limitent nullement aux cotisations vieillesse : il s'y ajoute des dizaines de milliards d'euros correspondant à des soins payés par les actifs alors que ce sont les retraités qui en bénéficient.**

Examinons un cas particulièrement important, les affections de longue durée (ALD), qui ont coûté à l'assurance maladie 97 Md€ en 2015, soit presque la moitié de ses dépenses cette

---

de 0,5 % au-delà d'un certain seuil. Enfin la CASA, *contribution additionnelle de solidarité pour l'autonomie*, est prélevée au taux de 0,3 % sur les retraités soumis à la CSG au taux médian ou supérieur. On aboutit au maximum à 9,3 %.

[31] Le lecteur qui aurait zappé le chapitre 1 de la première partie (« le mensonge des cotisations patronales ») y trouvera toutes les justifications de cette affirmation.

année-là (200 Md€). Une étude de la DREES[32] montre que, en moyenne, la dépense liée aux ALD a été en 2016 de 7 523 € par personne concernée, dont 6 770 € pris en charge par l'Assurance maladie. La même étude indique pour cette année 2016 que la proportion des assurés sociaux en ALD dépend fortement de l'âge : 4 % des moins de 40 ans ; 15,6 % des personnes âgées de 40 à 59 ans ; et 41,9 % des personnes de 60 ans ou plus.

Cela confirme ce que nous apprenait une étude plus ancienne mais portant sur l'ensemble des dépenses couvertes par l'assurance maladie : **en moyenne, les retraités coûtent beaucoup plus cher à l'assurance maladie que les mineurs et les adultes ayant moins de 60 ans**. Et comme nous avons aussi vu qu'ils cotisent peu à cette assurance en comparaison de ce qu'ils lui coûtent, cela signifie que pour savoir ce que les retraités obtiennent des actifs, il faut ajouter au montant des pensions une fraction conséquente des sommes aujourd'hui classées en assurance maladie.

Les catégories statistiques actuellement utilisées, copiées sur l'organisation administrative, informent donc très mal citoyens, hommes politiques et chercheurs ; elles devraient céder la place à des indicateurs pertinents. Les statistiques sociales en général devraient être délivrées de la chape de plomb bureaucratique dont elles ont été recouvertes, pour être enfin produites selon une solide logique scientifique.

Liberté, Egalité, Fraternité ... et Vérité

Une sécurité sociale organisée de façon à donner aux citoyens des renseignements exacts sur ce que les actifs versent au profit des retraités augmenterait fortement le montant des pensions et le taux de la cotisation maladie prélevée sur lesdites pensions. Nous disposerions enfin de comptes de la sécurité sociale qui ne soient pas des contes de fées. Sans doute serait-il

---

32 *Le vieillissement de la population entraîne une hausse des dépenses de santé liées aux affections de longue durée*, DREES, *Etudes et résultats* n° 1077, septembre 2018.

bon que notre devise nationale comporte un quatrième principe : la **Vérité**. Sans elle, il manque quelque chose d'essentiel à notre devise *Liberté, Egalité, Fraternité*. Ces trois principes sont, en l'absence de la Vérité, comme Athos, Portos et Aramis sans d'Artagnan.

Pour faire la vérité dans le domaine de la sécurité sociale, il faut transformer assez radicalement la façon dont sont tenus les comptes sociaux. Certes, quand un enfant se casse une jambe, attrape un microbe ou un virus, c'est bien l'assurance maladie qui débourse le montant de la facture, ou une partie de ce montant s'il y a un « reste à charge », mais est-il logique d'imputer finalement la dépense correspondante à l'assurance maladie, comme si la personne malade ou accidentée était un adulte assuré social ? Economiquement, cette dépense relève de l'investissement dans la jeunesse, tout comme le coût de l'instruction et celui de la maternité. Elle devrait être comptabilisée comme telle, conformément au bon sens économique.

De même, puisque les personnes âgées coûtent en moyenne nettement plus cher à l'assurance maladie que les adultes de moins de 60 ans, que les enfants et que les jeunes, il est anormal, contraire à la vérité à laquelle ont droit les citoyens, que l'organisation actuelle de la sécurité sociale dissimule ce fait en s'abstenant d'imputer cette dépense à l'assurance vieillesse. Concrètement, les pensions brutes devraient être nettement plus élevées qu'elles ne le sont actuellement, et supporter un prélèvement bien plus conséquent au profit de l'assurance maladie. La pension nette de cotisations resterait la même, mais les retraités auraient une vision plus exacte de ce qu'ils coûtent aux actifs.

Cela nous montre que les comptes de l'assurance maladie, de l'assurance vieillesse et de la branche famille, tels qu'ils nous sont présentés par les organismes statistiques officiels, ne valent pas grand-chose du point de vue de l'analyse économique. Si l'on est très indulgent, on peut dire qu'ils obéissent à une logique institutionnelle ; si l'on est plus rigoureux, on dira qu'ils manifestent un comportement nominaliste qui additionne des choux et des carottes comme s'il s'agissait du même légume, dès lors que l'inscription « carotte » aura été apposée sur le paquet contenant les choux. **Nos assurances sociales sont devenues des nids à mensonges du fait de la prédominance absolue du nominalisme bureaucratique sur le réalisme économique**. C'est cela qu'il faut changer.

Les trois temps de la vie humaine

- Durant le premier, il se produit un investissement dans le jeune être humain, investissement dont il est en partie l'auteur (il travaille pour se doter de connaissances et de compétences), mais pour lequel il bénéficie aussi, le plus souvent, de très importants apports extérieurs (de ses parents, évidemment, mais également de l'ensemble des adultes, qui financent notamment ses études).
- Durant la seconde période, l'adulte exerce une activité domestique et professionnelle qui produit des ressources en moyenne très supérieures à ce dont il a besoin pour vivre, ce qui lui permet à la fois de « rembourser » les membres de la génération qui a pourvu à sa subsistance et à la formation de son capital humain, et d'investir. Cet investissement s'effectue dans deux directions : *primo* en faveur d'une nouvelle génération, que ce soit en ayant des enfants et en leur donnant les moyens de devenir des personnes compétentes, ou en contribuant à financer l'entretien et la formation de tout un ensemble d'enfants et de jeunes ; et *secundo* en faveur des facteurs de production autres que les êtres humains (entreprises, immobilier, infrastructures).
- Durant la troisième période, le retraité « vit de ses rentes » et de son activité domestique (du moins jusqu'au quatrième âge, celui de la dépendance) : ayant acquis des droits sur les générations suivantes, il bénéficie d'une retraite par répartition ; et s'il a également acquis des droits sur des facteurs de production autres que les êtres humains, il peut percevoir des intérêts, dividendes et loyers, vendre progressivement ces biens, recourir à une

vente en viager, ou percevoir une retraite par capitalisation s'il a utilisé les services d'un fonds de pension.

Ce qu'il faut faire pour organiser correctement les services de report de revenu d'une période à l'autre de l'existence sera examiné plus en détail dans les chapitres 5 à 8. Indiquons simplement, pour l'instant, que **le travail à réaliser est difficile, puisqu'il inclut la déconstruction d'un système juridique absurde mais ancré dans les esprits selon lequel chacun prépare sa retraite en payant celle de ses aînés**[33].

[33] Il ne s'agit pas de supprimer d'un trait de plume les droits acquis dans le cadre du système en vigueur depuis des décennies, ce qui est fait est fait, mais de modifier pour l'avenir le mode d'acquisition des droits à pension.

CHAPITRE 4

La redistribution

Il existe des situations dans lesquelles l'échange ne peut quasiment pas intervenir : il convient de porter secours à une personne ou à un ensemble de personnes sans qu'elles aient antérieurement effectué des apports et sans que l'on puisse raisonnablement espérer qu'elles fourniront une contrepartie ultérieure compensant ce qu'elles auront coûté. Il s'agit alors d'une aide *gratis pro Deo*, aurait-on dit jadis, c'est-à-dire totalement désintéressée ou avec un retour sur investissement très aléatoire. Concrètement, les dons directs de bienfaiteurs aux personnes en difficulté, y compris les services rendus (par exemple pourvoir gracieusement à l'approvisionnement d'une personne âgée ou malade, faire son ménage), sans être négligeables, constituent une fraction minoritaire de la redistribution ; l'Etat et certains organismes privés (souvent dits « caritatifs ») sont mandatés par les citoyens pour procéder à la redistribution d'une fraction des revenus, des riches et des pas trop pauvres vers les pauvres et les très pauvres.

Cet altruisme correspond à un idéal de fraternité universelle qui est inscrit dans la devise républicaine comme dans différentes éthiques. Il est facile d'être d'accord sur le principe ; il l'est moins de passer aux actes. En effet, la misère du monde est sans commune mesure avec les moyens dont dispose un pays. Il y a probablement sur notre planète un milliard d'êtres humains, et peut-être davantage, qui vivent dans un dénuement extrême. Or un pays comme la France ne sait déjà pas très bien comment s'occuper des deux ou trois millions de déshérités qui vivent sur son territoire, qu'ils en soient originaires ou qu'ils y soient venus pour fuir le sort misérable qui était le leur dans leur pays d'origine. L'assistance ne peut donc pas être en toutes circonstances à la hauteur des besoins. Raison de plus pour qu'elle soit organisée de façon à optimiser le rapport entre les améliorations obtenues et les moyens mis en œuvre.

En particulier, lorsque les personnes ayant besoin d'assistance – expression quasiment synonyme de redistribution – ne sont pas dans un état de perte irrémédiable d'autonomie, lorsqu'elles ont ou peuvent retrouver une capacité de participation à l'activité productive, l'assistance doit viser prioritairement à se rendre inutile, ou moins massive. Il existe certes de nombreux cas où une assistance à vie est nécessaire, mais là encore un but important de la redistribution doit être de rendre possible sa diminution[34], à défaut de sa disparition.

Ceci est particulièrement vrai pour différentes formes de handicap : bien des personnes handicapées parviennent, grâce à une aide initiale, à se rendre de plus en plus indépendantes, et même utiles aux autres. Encore faut-il pour cela que l'assistance soit intelligente, orientée lorsque c'est possible vers l'acquisition de compétences – c'est-à-dire qu'elle comporte une composante investissement dans le capital humain aussi importante que faire se peut.

L'aide sociale à l'enfance

A cet égard, **l'ASE (Aide sociale à l'enfance), a un rôle très important à jouer pour permettre la remise à flot d'enfants ou adolescents** dont les parents s'occupent fort mal,

---

[34] La diminution des prestations au fur et à mesure de l'amélioration de la situation du bénéficiaire est un exercice délicat : si la personne qui fait des efforts pour se débrouiller en est « récompensée » par une forte diminution de l'aide qui lui était accordée, ce n'est guère incitatif. Il faut utiliser des dispositifs produisant une amélioration de la situation pécuniaire de celui qui réussit à devenir moins dépendant des aides publiques. Le dicton « aide-toi, le ciel t'aidera » doit être transposé en : « aide-toi, la *Sécu* ne te laissera pas tomber ».

ou qui ont été abandonnés, ou qui sont orphelins. Ce service est organisé au niveau départemental, et donc susceptible d'être plus ou moins efficace selon sa localisation. Hélas, l'ASE est globalement loin d'être à la hauteur. Ses insuffisances et ses dysfonctionnements ont d'ailleurs été exposés au grand public en 2019 par des reportages télévisés percutants. Trop de jeunes dont s'occupe l'ASE n'ont comme perspective quand ils en sortent, à leur majorité, qu'une vie de galère et, pour certains, de délinquance. Une fraction importante des sans-abris est composée d'anciens de l'ASE.

Les dépenses d'ASE ne sont pourtant nullement négligeables : en France, les départements ont à ce titre dépensé en 2018 environ 8,3 Md€, dont 79 % consacrés aux placements dans des familles d'accueil[35]. Au début du millénaire, un pédopsychiatre, Maurice Berger, avait lancé un cri d'alarme sous forme d'un livre au titre rude : *L'échec de la protection de l'enfance*[36]. L'absence de progrès l'a conduit à récidiver avec un livre au titre non moins vigoureux : *Ces enfants qu'on sacrifie ... au nom de la protection de l'enfance*[37]. Il n'a guère été entendu. Ses analyses du fonctionnement de la justice des mineurs, qui joue un rôle décisif aussi bien pour couper la relation avec les parents lorsqu'elle est très pathogène que pour remettre dans le droit chemin ceux qui font leurs premières armes de délinquants, apporteraient pourtant – si elles étaient vraiment prises en compte – de quoi améliorer substantiellement le parcours de ces enfants et adolescents en grande difficulté et, pour certains d'entre eux, dangereux.

Il y a là une faiblesse inacceptable du service public, tenant moins au manque de moyens, excuse classique, qu'à la mauvaise façon de procéder, depuis le dépistage des enfants en danger jusqu'à la lenteur de certains tribunaux et au manque de

---

[35] DREES, Communiqué de presse du 17 décembre 2019. L'organisme statistique des ministères sociaux précise que ce montant est « hors dépenses de personnels départementaux à l'exception des assistants familiaux ». Il est donc inférieur à la réalité, sans que l'on sache de combien.

[36] 2de édition, Dunod, 2004.

[37] Nous suivons l'édition de 2014, chez Dunod. La première édition date de 2005.

compétence de certains magistrats dans ce domaine spécifique et délicat[38]. L'ASE dépense moins du quart des budgets d'aide et d'action sociale, estimés au total à 39,9 Md€ pour l'année 2018, mais son insuffisante efficacité est à la fois particulièrement dramatique humainement, et très dommageable économiquement, puisqu'il s'agit d'un investissement dans le capital humain qui n'est pas effectué de façon efficace.

Là encore, une vraie logique d'investissement fait dramatiquement défaut. Les changements à effectuer sur le terrain pourraient utilement être accompagnés par un changement de classification : l'Aide sociale à l'enfance a en effet vocation à être intégrée dans le pôle investissement de la fonction report, en compagnie de la politique familiale, de la formation initiale, et des soins destinés aux mineurs. Cette forme de redistribution[39] a vocation à être un investissement. Il y a bien une aide, mais cette aide fait partie de l'investissement dans la jeunesse, comme celle qui est accordée à un enfant né handicapé.

Les minima sociaux

Leur poids est bien supérieur à celui de l'ASE : 4,5 millions d'allocataires, 7 millions de personnes avec les conjoints et enfants à charge, et 27,2 Md€ versés en 2018.

---

[38] Le docteur Berger distingue trois catégories de juges des enfants : les « vrais », les « savonnettes », et les « rigides ». Il écrit de ces derniers : [ils sont] « totalement identifiés aux parents, aveuglément convaincus de la valeur sacrée et intouchable du lien parent-enfant, si bien que ce qui leur importe, c'est qu'un placement, s'il est inévitable, soit toujours transitoire, car il leur est impossible de saisir la différence entre maintenir un enfant dans sa famille et maintenir des liens entre l'enfant et sa famille. » Quelques milliers de parents pervers ont ainsi la possibilité, grâce à l'aveuglement de la Justice, de conserver la garde d'un enfant qu'ils traumatisent, et qui en gardera des séquelles sa vie durant.

[39] L'expression correspond tout-à-fait au but poursuivi : la distribution des cartes a été très mauvaise pour tel enfant, il faut essayer d'effectuer une nouvelle distribution, une « redistribution », de façon à lui donner une chance de trouver le bonheur et de n'être ni un assisté à vie ni un malfaiteur.

- **Le RSA (Revenu de Solidarité Active)**, fin 2018, versait presque un milliard d'euros par mois (11,5 Md€ par an) répartis entre 1,9 million d'allocataires[40]. Chacun peut facilement pratiquer sur internet une simulation pour connaître ses droits, qui dépendent principalement des revenus et des personnes à charge. Par exemple, une personne seule de 26 ans ayant un bébé et gagnant environ 300 € par mois comme auto-entrepreneur a droit à un RSA mensuel de 805 €, auquel peut s'ajouter une prime d'activité de 185,73 € par mois. Cette personne disposera donc de 990 € au titre de l'assistance plus 300 € (aléatoires) pour son travail comme autoentrepreneur, ce qui fait légèrement plus que les 1 218 € nets qu'elle obtiendrait en travaillant 35 heures par semaine au SMIC, et nettement plus si l'on déduit de ce SMIC les frais de garde du bébé inhérents à 35 heures de travail hebdomadaire hors de chez soi. La formule RSA plus activité d'autoentrepreneur à petite vitesse serait donc gagnante si l'on oubliait les droits à pension. Oubli qui ne serait pas très étonnant pour une personne de 26 ans dont la situation est précaire : le taux d'actualisation implicite[41], dans un tel cas, étant élevé, ce qui se passera dans près de 40 ans ne compte guère par rapport aux problèmes qu'il faut résoudre *hic et nunc*. Notons au passage que la situation de cette personne au regard de sa future retraite serait déjà un peu moins mauvaise si les droits à pension étaient attribués de façon logique, en raison des contributions à l'investissement dans la jeunesse, puisqu'elle s'occupe de son bébé.
- **L'allocation adultes handicapés (AAH)** a servi en 2018 à verser 9,75 Md€ à presque 1,2 million d'allocataires.

---

[40] DREES, *Etudes et Résultats* n°1133, novembre 2019.

[41] Le taux d'actualisation sert à calculer la valeur actuelle d'un revenu futur. Avec un taux modeste de 5 % les revenus à percevoir dans 40 ans sont divisés par 7 quand on les compare à un revenu immédiat. Cela explique que la jeune femme de notre exemple, dont le cerveau fait de l'actuariat comme monsieur Jourdain faisait de la prose – sans le savoir – n'accorde pas une grande importance aux droits à pension associés à un salaire.

On peut considérer comme une sorte d'annexe de l'AAH l'Allocation supplémentaire d'invalidité (ASI), qui apporte un complément à certains titulaires d'une pension d'invalidité ou de retraite, pour au total 230 M€. L'AAH devrait obtenir de meilleurs résultats en matière d'employabilité des personnes handicapées, dans l'optique déjà indiquée à propos de l'ASE : une partie de l'assistance aux personnes que leurs difficultés rendent improductives peut et doit être organisé comme un investissement leur permettant de se rendre économiquement utiles.

- Le **« minimum vieillesse »** est composé en fait de deux dispositifs, l'allocation supplémentaire vieillesse (ASV) et l'Allocation de solidarité aux personnes âgées (ASPA), au total 570 000 bénéficiaires et 2,75 Md€ versés chaque année. Il serait bon d'étudier les interventions possibles avant l'âge de la retraite : comment faciliter l'accès au travail pour ceux de ces futurs bénéficiaires du minimum vieillesse qui ont de réelles capacités à se rendre utiles et à bénéficier ce faisant d'un supplément de revenu. Redistribuer doit toujours faire penser à investir, si cela n'est pas strictement impossible.
- **L'allocation de solidarité spécifique** (ASS) est une prestation chômage « de solidarité » destinée à des chômeurs qui le sont depuis trop longtemps pour relever encore de l'assurance chômage *stricto sensu*. Elle constitue une sorte de « minimum chômage », complété, pour les chômeurs en attente de leur retraite, par deux minuscules dispositifs : l'Allocation temporaire d'attente et l'Allocation équivalent retraite de remplacement. Ces trois dispositifs aident au total 382 000 personnes en leur versant globalement 2,05 Md€. Là encore, une attitude proactive de la part des travailleurs sociaux pourrait déboucher sur une amélioration de la condition de ces personnes dont certaines ne sont pas aussi « inemployables » qu'elles le croient et que le croient beaucoup d'employeurs. L'art et la manière d'aider certaines personnes, à première vue

inemployables, à exercer une activité utile et donc à ne pas dépendre totalement de l'assistance, est un talent précieux qu'il faudrait cultiver avec soin.

- **L'allocation pour demandeur d'asile** (ADA), créée en 2015, « pesait » 0,42 Md€ pour 100 000 bénéficiaires en 2018 ; son augmentation est particulièrement rapide. Il faut développer l'accompagnement requis pour que cette allocation ne serve pas seulement à ne pas mourir de faim mais aussi à sortir de l'assistance en devenant utile dans le pays d'accueil.

Les prestations familiales

Ces prestations ont représenté, immédiatement après la Libération, quasiment la moitié du budget affecté à la sécurité sociale. A l'époque, la classe politique française eut une perception très nette du fait que la procréation, l'entretien et l'éducation des enfants allait constituer la base même de la remise en selle d'un pays qui avait été vaincu, occupé, et dont le potentiel productif avait été laminé. Le droit de vote attribué aux femmes par ordonnance du 21 avril 1944[42] créait une condition favorable à la reconnaissance des services rendus par les mères de famille. En 1945, le vote unanime du quotient familial comme modalité de calcul de l'impôt sur le revenu a symbolisé la prise de conscience du fait que l'avenir est entre les mains des personnes ayant fondé une famille, ou décidées à le faire. Il aurait alors été incongru de parler des prestations familiales dans la section d'un livre consacrée à l'assistance. La fiscalité directe et les prestations familiales devaient clairement servir à répartir entre tous les Français la charge correspondant à l'investissement le plus important pour le pays, à savoir la mise au monde, l'entretien et la formation des nouvelles générations.

Trois quarts de siècle plus tard, l'économiste doit hélas constater que la branche famille de la sécurité sociale est devenue l'opératrice numéro 1 d'un dispositif assistanciel, sa

---

[42] Cette ordonnance fut signée à Alger par Charles de Gaulle.

fonction d'investisseur dans le capital humain n'étant plus guère comprise par nos dirigeants. Les comptes de la sécurité sociale de septembre 2019 montrent que les prestations vieillesse légales de la sécurité sociale *stricto sensu*, donc abstraction faite des régimes de retraite complémentaire, se sont élevées en 2019 à 232 Md€, nettement plus que les dépenses (200 Md€) de la branche maladie (qui inclut les dépenses maternité, invalidité et décès). La branche famille, largement prédominante à l'époque de ce que l'on pourrait presque appeler la résurrection du pays, ne dépense que 31 Md€, soit 6,6 % des prestations légales des régimes de base !

Les prestations familiales ne sont pas encore tout-à-fait assimilables à des prestations d'assistance, mais on n'en est pas loin. La CNAF a d'ailleurs habilement surfé sur la vague : elle est devenue dispensatrice de diverses prestations sous conditions de ressources qui relèvent clairement de l'assistance. L'administration de ces prestations requiert beaucoup de main-d'œuvre, ce qui a permis à cette « branche de la sécurité sociale » de conserver des effectifs salariés très conséquents en dépit de l'amenuisement de son activité au service de l'investissement dans le capital humain. Il est indispensable de changer complètement cette orientation misérabiliste, en intégrant la « branche famille » dans l'organisation du report, où elle a un rôle décisif à jouer : les personnes qui n'ont pas d'enfants ou en ont peu alimenteront bien davantage la CNAF dès lors que leurs versements constitueront clairement des apports générateurs de droits à pension.

CHAPITRE 5

L'articulation du report avec l'assurance et la formation

Nous l'avons constaté : la sécurité sociale met en œuvre trois grandes fonctions, le report, l'assurance mutualiste et la redistribution. Elles se complètent et interfèrent de telle manière qu'il ne serait pas raisonnable de vouloir affecter à chacune d'elles une institution s'occupant de tout ce qui relève de cette fonction, et d'elle seule. Il faut donc préciser la façon dont peut et doit être organisée la coopération des trois organismes plus spécialement chargés, l'un du report, l'autre de l'assurance mutualiste, et le troisième de la redistribution.

Reprenons un cas évoqué précédemment : la prise en charge des frais liés à la maternité. Cette prise en charge pourrait *a priori* relever soit de l'assurance-maladie, puisqu'il s'agit de financer des actes médicaux, soit de l'investissement dans le capital humain, puisqu'il s'agit du début d'un processus qui débouchera, sauf exception, sur l'existence d'un travailleur supplémentaire. Mais du point de vue économique, les choses sont claires : le budget de l'assurance maladie est dans ce cas utilisé comme moyen au service d'une fin, la « production » d'un être humain, donc potentiellement d'un travailleur. L'aspect investissement dans le capital humain est donc la fin, et le recours aux soins médicaux en relation avec la grossesse, qui mobilise l'assurance santé, est **un moyen au service de cette fin**.

Il est donc rationnel de confier à l'assurance maladie le **traitement administratif** requis pour prendre en charge les frais inhérents aux accouchements, à la PMA, et aux autres interventions médicales liées à la maternité, même si celle-ci n'est évidemment pas une maladie. Dans un premier temps l'assurance maladie paiera donc ces actes qui ont techniquement un caractère médical mais, dans un deuxième temps, **elle se retournera vers l'organisme en charge du report, et donc de l'investissement dans le capital humain, pour obtenir le financement correspondant** [43] . S'agissant de prestations destinées à faire heureusement aboutir le cheminement qui va de la fécondation d'un ovule à l'arrivée à l'âge adulte du bébé qui en est résulté, c'est à la « caisse report » qu'il revient d'une part de financer *in fine* cette activité médicale en rapport avec la procréation, et d'autre part de fournir des droits à pension aux assurés sociaux dont les cotisations jeunesse auront permis ledit financement.

Parfaitement cohérente pour les esprits formés au raisonnement économique, une telle organisation sera probablement mal vue par certaines des personnes qui ont pris l'habitude de raisonner et d'agir dans le cadre bureaucratique de l'organisation en silos dont le fonctionnement et l'absurdité ont été exposés plus haut. Attribuer des droits à pension pour le versement de cotisations jeunesse qui servent en particulier à payer des obstétriciens, des sages-femmes, des pédiatres, des infirmières, vous n'y pensez pas !

Mais si, justement, il faut y penser, examiner cette relation entre cotisations et droits sous toutes les coutures ! Et ensuite il faut procéder aux modifications du droit positif qui sont nécessaires pour le rendre conforme au bon sens économique. Raisonnons : qui payera, dans plusieurs décennies, les pensions des actuels actifs ? Pas les bénéficiaires des cotisations vieillesse actuelles, mais les travailleurs qui auront été mis au monde aujourd'hui puis accompagnés dans leur croissance par toute une organisation médicale. **Il faut absolument extirper,**

---

[43] Il n'est évidemment pas nécessaire que ce remboursement soit effectué au coup par coup ! Il faut adopter une formule aussi peu coûteuse que possible en frais de gestion.

d'abord de nos esprits, puis de nos institutions, la relation instaurée par des législateurs écervelés entre le versement des cotisations vieillesse et l'attribution des droits à pension.

Une administration de sécurité sociale peut payer (en détail) pour le compte d'une autre, qui la remboursera (en bloc)

La formule préconisée pour les actes médicaux liés à la maternité s'appliquera bien plus largement si l'on veut rationaliser l'organisation et le fonctionnement de notre chère vieille *Sécu.* L'organe en charge du report, et donc de l'investissement dans la jeunesse, remboursera globalement l'Assurance maladie des frais par elle engagés pour la formation du capital humain, et bien entendu pas uniquement lorsqu'il s'agit de PMA ou d'obstétrique : tous les soins dont bénéficient les enfants et les jeunes non encore entrés sur le marché du travail seront traités de même, comme investissements dont le financement par des cotisations jeunesse ouvrira des droits à pension.

Concrètement, dans un système par points, chaque euro dépensé pour un soin de cette sorte aura transité par le département *Investissement dans le capital humain* d'une *caisse du report*, qui fait l'objet de la prochaine section, et cet euro donnera droit à une fraction donnée de point de retraite. Lors de la mise en place du système, il serait souhaitable de commencer avec un prix du point qui soit « rond », comme on dit familièrement : par exemple verser 100 € pour obtenir un point. Ensuite, des ajustements pourront être effectués, notamment en fonction de l'évolution du pouvoir d'achat de l'euro : si jamais une inflation importante venait à faire baisser de 10 % le pouvoir d'achat de l'unité monétaire, on comprendrait aisément qu'un euro versé pour l'investissement dans la jeunesse ne « rapporte » plus un centième de point, mais seulement 9 millièmes.

Prenons un autre exemple de relations entre administrations faisant partie de la sécurité sociale : comment organiser le financement des soins médicaux aux personnes retraitées ? Ces soins doivent en effet, logiquement, être financés *in fine* par les cotisations vieillesse : il faut que celles-ci couvrent tout ce que les actifs transfèrent aux membres des générations précédentes, en reconnaissance de ce qu'ils ont reçu d'elles. Les sommes nécessaires à la prise en charge des soins aux retraités font donc partie de ce que les actifs doivent à leurs « anciens », tout comme les sommes requises pour le versement des pensions.

La fonction report englobe donc l'assurance maladie des retraités comme elle englobe celle des enfants. En conséquence, l'argent nécessaire ne doit pas être collecté au titre de l'assurance maladie, mais au titre, selon le cas, soit de l'investissement dans la jeunesse, soit de la prise en charge des retraités – c'est-à-dire, dans les deux cas, au titre du report. La partie destinée à la couverture maladie des retraités sera logiquement incluse dans la cotisation vieillesse payée par les actifs. La partie destinée à la couverture maladie des enfants et des jeunes sera comprise dans la cotisation jeunesse et procurera donc des droits à pension aux cotisants (des points dans le régime unique de retraites dites par répartition qui doit se substituer à la quarantaine de régimes français actuels).

Ces considérations relatives à ce que doit être en bonne rationalité économique le traitement par la sécurité sociale des soins concernant la procréation, l'accouchement et la petite enfance, permettent de comprendre la logique qui devra présider à l'organisation du nouveau système français de sécurité sociale. Dans le cas de travailleurs ayant un employeur les cotisations seront exclusivement salariales, conformément à ce qui a été dit sur « le mensonge des cotisations patronales » (partie I, chapitre 1). Leurs versements et ceux des travailleurs non-salariés, en particulier les cotisations d'investissement dans le capital humain, iront à une « caisse », conformément au vocabulaire classique de la sécurité sociale, chargée d'ouvrir en contrepartie des droits à prestations – dans ce cas, des droits à pension, prenant la forme de points. Il appartiendra au législateur de donner un nom à cette caisse qui sera en charge des opérations assurant le report de revenu d'une période à l'autre de l'existence. En attendant, appelons-la tout simplement « **caisse du report** ».

La caisse du report

Conserver la dénomination « caisse de retraite » aurait un inconvénient majeur : laisser penser que tout continuerait comme avant puisque, comme les caisses de retraite actuelles, cette caisse percevra les cotisations destinées à payer les pensions des retraités, dites « cotisations vieillesse ». Or il y aura une différence essentielle : elle recevra aussi, sur un compte parfaitement disjoint de celui qui accueillera les cotisations vieillesse, les cotisations d'investissement dans le capital humain. Celles-ci seront utilisées pour préparer les futurs actifs, et donc les futures pensions des actuels actifs quand ils prendront leur retraite, par exemple en assumant les frais liés à la maternité qui ont été évoqués ci-dessus. Et, comme dit la sagesse des nations, il ne sera pas question de mélanger les torchons et les serviettes ! L'assimilation des cotisations vieillesse (destinées à payer immédiatement les pensions dues) à des investissements préparant les retraites des cotisants est une erreur majeure ; ce tour de passe-passe, analogue à celui employé par Ponzi, Madoff et leurs imitateurs, a fait suffisamment de mal depuis son introduction, réalisée en France en 1943, par le régime de Vichy, sous la dénomination ambiguë de « répartition » ; il faut mettre fin à ce mensonge[44] !

Quelques auteurs ont cherché à prouver que le fonctionnement des actuelles retraites « par répartition » n'est pas une variété des schémas de Ponzi en ayant recours à la formule « réciprocité indirecte ». C'est le cas d'André Masson, dans une note de la fondation Saint-Simon parue en janvier 1999 et titrée : *Quelle solidarité intergénérationnelle ?* Il part d'une remarque de l'anthropologue Marcel Mauss qui voyait les sociétés primitives, objet de ses recherches, mettre en œuvre un précepte de perpétuation de certaines coutumes : il convient d'agir envers ses parents comme ceux-ci ont agi envers les leurs, c'est-à-dire prendre soin d'eux.

André Masson va un cran plus loin, en écrivant : « vous devez faire à votre fils ce que vous auriez désiré que votre père vous fît ». Ce devoir de reproduire ce qui a été bon, poussé

[44] Voir le chapitre 2 de la première partie.

jusqu'au devoir de faire ce dont on aurait aimé bénéficier, est une composante essentielle de la civilisation : la transmission des valeurs, et donc des devoirs, aussi bien de ceux qui n'ont pas été complètement respectés (très bien s'occuper de ses parents âgés) que de ceux qui l'ont été (ne pas les laisser tomber). Il y a là une dynamique, une volonté d'amélioration d'une génération à la suivante, et au minimum de conservation de certaines pratiques reconnues bonnes et justes, qui est typique de certaines civilisations, dont la nôtre.

Quand A. Masson estime que la société édicte une sorte de devoir de faire pour ses parents ce qu'eux-mêmes ont fait pour les leurs, et même mieux, cela est sociologiquement exact, et montre une chose : la société émet des préceptes qui incitent ses membres à « bien » se comporter. Mais du point de vue économique, c'est le *Traité de la piété filiale*, dans l'univers confucéen, et la *Bible*, dans l'univers judéo-chrétien, qui disent non seulement ce qui doit se passer, mais aussi comment cela est possible : nous avons le devoir et la possibilité d'entretenir nos vieux parents parce qu'ils nous ont donné la vie et se sont occupé de nous jusqu'à ce que nous soyons devenus autonomes.

L'échange entre générations successives est une réalité, à la fois économique et morale (sans oublier la dimension affective). Hélas, le droit actuel des retraites dites par répartition n'est que la mise en œuvre d'un phantasme. Il ignore la réalité économique, à savoir que, collectivement, nous avons la possibilité d'être pris en charge durant notre vieillesse uniquement parce que des enfants ont été mis au monde, entretenus et éduqués. **Les cotisations des actifs destinées à leurs anciens expriment leur reconnaissance et leur respect du contrat entre générations successives ; elles ne préparent en rien les retraites des cotisants**, et les lois qui nous attribuent des droits à pension en raison de ces cotisations ne font qu'illustrer le dicton *Errare humanum est, perseverare diabolicum*.

La caisse du report devra donc comporter deux sections ou départements, comme on voudra les appeler, départements séparés par un mur juridique infranchissable : le département « pensions », qui tiendra le compte sur lequel seront versées les cotisations vieillesse, destinées à payer en *pay-as-you-go* les pensions des retraités[45] ; et le département investissement, qui percevra les cotisations d'investissement dans le capital humain et tiendra le compte où seront « logés », dûment répartis dans les sous-comptes nominatifs des assurés sociaux, les points représentatifs de droits à pension obtenus en contrepartie des cotisations d'investissement et des apports en nature (éducation des enfants). Le département pensions disposera d'une copie de ce compte et de chacun de ses sous-comptes nominatifs, mais pas du pouvoir de les créditer : ce pouvoir appartiendra au seul *département investissement.*

Le contact clientèle

Concrètement, les assurés sociaux ne seront évidemment pas en rapport avec ces organismes centraux (les deux départements de la caisse du report), mais, comme aujourd'hui, avec des institutions leur rendant divers services – idéalement, tous les services de sécurité sociale et quantité de services complémentaires dans les domaines épargne et assurance, comme le font les « institutions » qui gèrent les rapports des salariés du secteur privé avec l'ARRCO-AGIRC.

Un particulier ne s'adresse pas directement à l'ARRCO-AGIRC, mais à une institution de prévoyance, faisant souvent partie d'un « groupe de protection sociale » : AG2R La Mondiale, APICIL, Audiens, Humanis, Klésia, Malakoff Médéric, Pro BTP, Réunica, etc. C'est cette institution qui perçoit les cotisations et verse les prestations ou remboursements, pour le compte de l'ARRCO-AGIRC en ce qui concerne les retraites, pour le compte d'une mutuelle ou d'une société d'assurance pour ce qui est des soins ou de l'épargne salariale, ou encore pour des assurances décès, obsèques, pour des retraites par capitalisation, etc. Il en ira de

[45] La formule « *pay-as-you-go*" ne doit pas être prise ici dans un sens trop rigide : une trésorerie conséquente est évidemment nécessaire pour garantir que d'éventuels incidents affectant les rentrées de cotisations n'auront pas de conséquences sur la régularité des paiements de pensions. *Si vis pacem, para bellum* !

même pour l'assurance retraite de la sécurité sociale : le recouvrement des cotisations d'investissements dans le capital humain, celui des cotisations vieillesse, et le versement des pensions, seront effectués par des institutions de prévoyance ou des organismes similaires, connaissant leurs clients et capables de leur rendre quantité de services complémentaires.

Pourquoi, par exemple, la personne âgée ayant besoin d'une aide-ménagère ne pourrait-elle pas s'adresser à la section locale de son institution de prévoyance, qui prendra contact pour elle avec une entreprise de services ménagers dont elle vérifie régulièrement que ses prestations sont de bonne qualité ? Pourquoi cette section locale ne pourrait-elle pas remplir aussi les fonctions d'une caisse locale d'assurance maladie ? En contrepartie, bien entendu, rien n'empêcherait les caisses primaires d'assurance maladie (CPAM) de rendre quantité de services qui les rendraient proches des gens, à l'instar des institutions de prévoyance. Il faudrait pour cela qu'elles essaiment en unités plus petites : avec, le plus souvent, une seule CPAM par département, il est difficile de prétendre jouer un rôle de proximité.

La souplesse du régime de retraites par points

La liquidation de chaque pension, qui sera réversible et pourra être fractionnée, se traduira par le calcul et le versement de la rente correspondant aux points appartenant à l'assuré social et à son âge, ainsi qu'éventuellement à d'autres critères[46]. Nous préciserons plus loin la façon dont les pensions seront calculées, ainsi que la possibilité de faire revenir des points du département pension au département investissement lorsqu'un assuré social retraité ou partiellement retraité décidera de

[46] Un point liquidé à 50 ans ouvrira droit à une rente dont les arrérages annuels seront évidemment très inférieurs à ceux que l'assuré social obtiendrait en liquidant à 70 ans. Les actuaires connaissent les règles à utiliser pour ces calculs de rentes, qui pourront aussi être des rentes sur deux têtes, comme nous le verrons en examinant comment remplacer l'actuelle réversion, antique, solennelle, bureaucratique, et souvent critiquable du point de vue de l'équité.

reprendre une activité professionnelle ou d'augmenter celle qu'il avait conservée lors d'une liquidation antérieure.

Pour l'instant, il suffit de comprendre que **la liquidation des points ne sera pas une opération nécessairement définitive** ; le système proposé, contrairement au système français actuel, inutilement rigide, offrira aux assurés sociaux une très grande souplesse pour organiser leur vie en fonction des évènements qui se produisent pour chacun d'eux. Donnons simplement un exemple : Mme X passe à 55 ans d'un plein temps à un temps partiel pour s'occuper davantage de son époux, gravement malade. Elle liquide une partie de ses points pour disposer d'un revenu suffisant. Deux ans plus tard, Mr X décède. Sa veuve décide de reprendre un temps plein professionnel : elle peut alors, si elle le juge bon, rapatrier ses points du département pensions au département investissement, où ils recommenceront à se bonifier[47], en même temps qu'elle acquerra des points supplémentaires.

La caisse du report sera le grand argentier de la formation et de la branche famille

La caisse du report tiendra[48] le compte des points de retraite obtenus par les cotisants qui financent l'investissement dans le capital humain, mais que fera-t-elle au juste de ces milliards ? Elle reversera l'argent collecté aux organismes dont une fonction est d'investir dans la jeunesse et la formation continue. Elle financera les soins en relation avec la grossesse et l'accouchement, ainsi que l'assurance maladie des enfants et la

---

[47] La valeur de service d'un point dépend évidemment de l'âge à la liquidation : si celle-ci a lieu à 75 ans, la rente mensuelle due au titre de chaque point sera très supérieure à ce qu'elle aurait été si le possesseur de ce point l'avait liquidée à 50 ans. C'est ce que nous appelons « bonification » des points.

[48] Ce « tiendra » relève de la formule « Caesar pontem fecit ». César ne maniait pas lui-même la hache et le marteau, il commandait ! De même la caisse du report ne tiendra-t-elle pas elle-même le compte de Mr Durand, pas plus que ne le fait aujourd'hui l'ARRCO-AGIRC : c'est une « institution » qui s'en charge, et il en ira de même pour la Caisse du report, comme indiqué dans la section « contact clientèle ».

totalité de notre système de formation initiale, depuis la maternelle jusqu'à l'enseignement supérieur, sans oublier la formation continue. C'est dire son importance : elle tiendra entre ses mains l'avenir du pays. Certes, elle ne se substituera pas aux recteurs d'académie, aux présidents d'université, aux proviseurs des lycées ni aux principaux des collèges ; certes, il existera toujours un ministère de l'Education nationale, ou son équivalent ; mais, en ce qui concerne ce ministère et les établissements qui en dépendent, les cordons de la bourse ne seront plus tenus par Bercy. **La dépense de formation apparaîtra enfin clairement, institutionnellement, pour ce qu'elle est économiquement : un investissement**.

52 Md€ pour le budget 2019 de l'Education nationale, 25 Md€ pour l'enseignement supérieur, 32 Md€ pour la branche famille de la sécurité sociale, et quelques milliards pour les dépenses de l'assurance maladie qui servent à investir dans le capital humain : la caisse du report sera le plus gros investisseur du pays. Ce qui est parfaitement normal, et conforme à ce que Jean Bodin disait déjà au XVIème siècle : « il n'est richesse que d'hommes ». La Caisse du report sera le grand argentier de tout notre système de formation ; elle aura donc évidemment son mot à dire si, par malheur, la gestion de ce système suscitait des inquiétudes, et sa parole aura du poids ! C'est également d'elle que dépendra le financement de la branche famille de la sécurité sociale.

La valorisation du travail scolaire et universitaire

Le potentiel humain n'est pas le résultat du seul travail effectué par les enseignants et le personnel médical, et des « aides à la famille », expression maladroite mais traditionnelle pour désigner les prestations familiales[49]. Elle résulte aussi, cela

[49] Recourir à ce vocabulaire de l'aide a contribué à fausser l'idée que se font la plupart des gens des prestations familiales. Son adoption a fait d'un préjugé, d'une bévue intellectuelle, une de ces fausses évidences « politiquement correctes » dont l'adoption a des conséquences catastrophiques. Nous nous centrons ici sur le cas français, mais l'idée d'aide aux familles, substituée à

n'est pas assez dit, du travail accompli par les enfants, les adolescents, les jeunes, et aussi des moins jeunes, pour développer leurs connaissances et leurs compétences. Le peu d'intérêt que les organismes statistiques français portent à cette question ne permettant hélas pas de citer des chiffres officiels, procédons à un calcul de coin de table : nos jeunes passent *a minima* 1 000 heures par an à suivre des cours, effectuer des exercices, lire, passer des examens, tout cela dans le but d'être un jour capables de travailler productivement. En valorisant l'heure de ce travail scolaire et universitaire à 10 €, on peut tabler sur 10 000 € par année de formation, et cela pour plus de dix millions de jeunes en formation. 100 Md€, voici donc – très approximativement – l'ordre de grandeur de l'investissement réalisé chaque année par la jeunesse française pour devenir apte à jouer un rôle productif.

Le montant de l'investissement de chaque jeune dans sa propre formation, et le total de ces millions d'investissements individuels, ne servira pas aux calculs effectués pour attribuer les droits à pension. Le plus souvent, en effet, une bonne formation débouche sur des gains professionnels conséquents, qui permettent de se préparer une bonne retraite en investissant fortement dans la jeunesse. Les années de travail scolaire et universitaire sont ainsi valorisées au moment de prendre sa retraite.

Reste que, dans un petit pourcentage de cas, des personnes ayant fait des études d'un excellent niveau choisissent d'exercer une fonction très utile mais peu lucrative. Pour celles-là, il serait équitable de prévoir une compensation à la faiblesse de leurs cotisations jeunesse en valorisant leur semi-bénévolat. Il serait en effet juste que le travail grâce auquel chaque jeune forge sa compétence, son capital humain, soit reconnu comme investissement, dès lors qu'il a effectivement été ensuite utilisé pour des activités utiles à la collectivité. Comment faire concrètement ? C'est une question qui restera ouverte. Nous tenions à la poser, par respect pour le bénévolat, total ou partiel,

---

celle d'investissement dans l'homme, exerce ses ravages dans quasiment tous les pays développés.

sans lequel notre société fonctionnerait moins bien, mais qu'elle n'obtienne pas une réponse *hic et nunc* n'annulera pas la faisabilité de la réforme proposée : ce que nous indiquons résoudra énormément de problèmes, supprimera énormément d'injustices, mais « énormément » ne signifie pas « tous », il reste évidemment des compléments à apporter à ce qui est listé dans cet ouvrage.

Les prestations familiales

Nous avons reconnu dans le système de santé et le système de formation initiale des organismes qui servent à investir dans la jeunesse, mais il en existe un autre et une myriade de contributeurs personnes physiques. Côté organismes, il s'agit des caisses d'allocations familiales, et du système qu'elles forment : la branche famille. Les prestations familiales ont représenté environ 31,3 Md€ par an en 2017, 2018 et 2019. Certains voudraient faire supporter cette dépense en grande partie par le budget de l'Etat, mais c'est à la caisse du report que ce rôle incombe évidemment [50] . Le financement – exclusivement par des cotisations, car ce n'est pas le rôle de l'impôt – procurera des droits à pension aux cotisants, puisque ces cotisations préparent la production et les revenus futurs, sur lesquels seront prélevées les cotisations destinées au paiement des pensions.

En contrepartie, les prestations familiales reçues donneront lieu à une soustraction sur les droits à pension inhérents à l'entretien et à l'éducation des enfants. Les parents qui voudront acquérir plus de points de retraite auront donc une solution

---

[50] Les prestations familiales ont été utilisées de façon croissante au fil des ans pour pratiquer l'assistance. La CNAF et les CAF jouent donc un rôle redistributif en même temps qu'elles financent l'investissement dans la jeunesse. Dès lors que le versement des cotisations famille produira des droits à pension aux financeurs de l'investissement dans la jeunesse, l'augmentation de ces cotisations sera acceptée, voire même désirée, par les personnes soucieuses de se préparer une retraite convenable, et la branche famille deviendra primordialement un organisme d'investissement dans la jeunesse. La fonction d'assistance aux familles nécessiteuses sera elle-même inclue dans la fonction investissement, que menace la grande pauvreté parentale.

simple : indiquer à leur CAF de leur verser moins de prestations que le montant maximal prévu dans leur cas. Par exemple, un couple parental ayant droit à 500 € de prestations familiales et choisissant de n'en recevoir que 200 obtiendra un nombre supplémentaire de points de retraite identique à celui auquel ouvrirait droit une majoration de 300 € de sa cotisation créatrice de droits à pension (sa cotisation d'investissement dans la jeunesse). L'existence d'un tel choix changera radicalement le regard porté sur les prestations familiales.

L'apport des contributeurs « en nature »

Regardons maintenant comment estimer l'apport des contributeurs « en nature » que sont les pères et mères de famille ayant des enfants à charge. Leur contribution est difficile à évaluer en euros, car au coût « pécuniaire » de l'enfant (partiellement pris en charge par les prestations familiales) s'ajoute la valeur du « travail domestique », qui inclut l'éducation et les travaux ménagers. La dernière des grandes enquêtes décennales que l'INSEE consacre au travail domestique remonte hélas à 2010 ; espérons que celle qui devrait être effectuée en 2020 ne sera pas l'une des victimes du coronavirus… En tout état de cause, nous ne cherchons pas ici des chiffrages très précis, qui seraient introuvables, vu la difficulté du sujet[51] !

L'enquête 2010 avait recensé 60 milliards d'heures de travail domestique, au moins autant que d'heures consacrées à l'activité professionnelle. Les services ainsi rendus ne sont pas pris en compte dans le calcul du PIB ; l'INSEE estime que, si on le faisait, celui-ci serait majoré au moins d'un tiers. Une partie conséquente de ce travail domestique bénéficie aux enfants. Supposons prudemment que cette partie représente seulement 5 % du PIB : il s'agirait quand même d'une centaine de milliards d'euros, le triple des prestations familiales ! Il est

[51] L'unité monétaire est un étalon de valeur extrêmement imparfait. Simplement, cet étalon a le mérite d'exister, et comme il n'a pas pléthore de concurrents …

difficilement envisageable de ne pas compter ces quelque 100 Md€ comme faisant partie de la contribution des dits parents à l'investissement dans la jeunesse. Il y a donc un apport parental à cet investissement, net de prestations et autres prises en charge publiques, évaluable à plus de 100 Md€ : cela devrait servir de base à l'attribution des droits à pension, au même titre que le financement des soins aux enfants et de la formation initiale.

Quelle proportion de l'attribution annuelle de points de retraite devrait-on réserver aux parents ès-qualité d'éducateurs de leurs enfants et de pourvoyeurs de services domestiques aux dits enfants ? Il est impossible de donner un pourcentage précis sans procéder à une étude requérant des moyens importants ; disons simplement qu'il serait étonnant d'aboutir à moins de 30 %.

Report et assurance maladie

Le produit des cotisations destinées à financer la couverture maladie des adultes non retraités ira directement à la caisse maladie (la CNAM, dans la majorité des cas). Celles qui auront pour objet la couverture maladie des enfants et des jeunes et d'autres actions d'investissement dans le capital humain transiteront par l'organisme en charge du report [52] . Tout versement concourant à financer l'investissement dans la jeunesse, depuis la prise en charge de sa santé jusqu'à sa formation scolaire puis universitaire ou professionnelle, donnera lieu à l'attribution de points de retraite. Quant aux retraités, leur couverture maladie sera financée *in fine* par un versement de la caisse retraite à la caisse maladie. Le bulletin de pension de chaque retraité fera évidemment apparaître, comme pour un salarié, le montant global qui lui est dû, et le

[52] En France, les actifs ne paient aucun supplément d'assurance maladie du fait qu'ils ont des enfants à charge. Cela implique qu'une fraction de la cotisation maladie sert à la couverture de tous les enfants, et non pas spécifiquement de ceux du cotisant. Cette partie de la cotisation maladie constitue un investissement dans la jeunesse.

prélèvement effectué sur ce montant pour payer son assurance maladie.

Le taux de la cotisation maladie augmentera avec l'âge, puisque l'avancée en âge s'accompagne statistiquement d'un recours plus important aux bons offices des professions et institutions de santé. Cela concernera principalement les retraités, mais aussi les actifs : à partir de 40 ans, et plus nettement à partir de 50 ans, le recours au système de santé augmente. Le soin de déterminer les âges à partir desquels l'augmentation du recours aux soins est statistiquement assez net pour requérir une augmentation du taux de cotisation sera évidemment laissé à des professionnels compétents (économistes de la santé, statisticiens et actuaires), qui fixeront également les taux pour chaque tranche d'âge ainsi déterminée. Cette tarification devra constituer un bon compromis entre l'exactitude et la simplicité[53].

Report et redistribution

Il y a moins de liaisons du report avec la redistribution qu'avec l'assurance. La combinaison de ces deux fonctions intervient principalement lorsqu'il s'agit de procurer des ressources permettant de vivre décemment à des personnes qui n'ont pas acquis des droits à pension suffisants. Le « minimum vieillesse », qui a longtemps joué ce rôle, a cédé la place, pour les nouveaux pensionnés, à l'Allocation de solidarité aux personnes âgées (Aspa), mais le principe et les montants sont restés les mêmes : ce qu'il faut pour que le revenu mensuel atteigne 903,20 € par mois pour une personne seule, et

[53] En se basant sur les données fournies par la DREES, *Etudes et Résultats* n° 1025 de septembre 2017, et en prenant pour référence (coefficient 1) la consommation de soins et de biens médicaux des hommes de 20 à 24 ans, le coefficient 3 est atteint (pour les hommes et pour les femmes) par la tranche d'âge 50-54 ans. On arrive à 5 ou 6, selon le sexe, pour la tranche 65-69 ans, et on culmine à 10 ou 11 entre 85 et 94 ans. Au-delà de 95 ans, les coefficients retombent à 5 ou 7, mais beaucoup des personnes de cet âge vivent dans un établissement de type Ehpad pour lequel des soins qui seraient considérés comme médicaux dans un hôpital sont classés en simple hébergement.

1402,22 € par mois pour un couple marié (montants en vigueur en juin 2020).

Pour des personnes sans enfant, minimum vieillesse et Aspa jouent effectivement un rôle assistanciel. Pour celles qui ont élevé une famille nombreuse, cette prestation dite redistributrice ne fait que réparer, parfois très partiellement, le préjudice subi du fait que les pensions réputées être contributives ne le sont nullement. Ce qui justifie l'attribution d'une pension, en bonne logique économique et en bonne justice, ce ne sont pas les cotisations versées au profit des personnes âgées, mais l'investissement dans la jeunesse. Bien des femmes âgées perçoivent ainsi comme si c'était une aumône une fraction très inférieure à 100 % de l'argent qu'elles ont en réalité mérité en mettant au monde de futurs cotisants, en les entretenant et en les éduquant.

L'insuffisance des connaissances économiques des législateurs dans le domaine des retraites a donc débouché sur des dispositions injustes. L'aberration et l'injustice atteignent des sommets lorsque des épouses d'agriculteurs ayant bien élevé de nombreux enfants grâce à un revenu en nature (les produits de la ferme) bien plus qu'en argent se retrouvent légalement en situation d'assistées alors que c'est grâce à elles, pour une large part, que les cotisations vieillesse des dits enfants fournissent de confortables pensions à toutes sortes de gens. **L'irréalisme économique de la législation sociale actuelle est source d'injustices majeures ; l'une des plus graves est d'octroyer assez souvent à titre assistanciel des prestations très inférieures à celles qui devraient être perçues à titre contributif**.

L'économiste Michel Godet, auteur notamment, en 2005, avec la sociologue Evelyne Sullerot, d'un rapport au Conseil d'analyse économique intitulé *La famille, une affaire publique*, avait une formule pour désigner les bénéficiaires de cette organisation ubuesque du report : DINK, *Double Income, No Kid*. Quand avoir des enfants débouche sur de maigres pensions, octroyées au titre de la redistribution, alors que les bonnes retraites vont aux couples dont les deux membres ont eu une juteuse carrière professionnelle en évitant les contraintes inhérentes à la parentalité, on marche sur la tête.

Le législateur n'a pas compris le message d'Evelyne Sullerot et Michel Godet, pas plus qu'il n'avait compris celui, *grosso modo* identique, que j'avais publié douze ans plus tôt sous le titre *Quelles retraites en l'an 2000 ?*[54], et pas plus que ne l'avait fait réfléchir celui de Gérard -François Dumont et Alfred Sauvy dans *La France ridée* en 1986[55]. *Vox clamantis in deserto* !

---

[54] Armand Colin 1993.
[55] Hachette, collection *Pluriel.*

CHAPITRE 6

Report et capitalisation

Il a été parlé brièvement, au chapitre 2, de la capitalisation, technique de report de revenu consistant à investir dans le capital classique : les biens durables et les facteurs de production autres que le capital humain. Sachant que ces facteurs représentent environ le tiers du capital (abstraction faite des ressources naturelles), il serait anormal de ne pas compter sur l'investissement que représente leur production pour organiser une partie du report de revenu au cours du temps. La complémentarité du capital humain et du capital formé par les instruments de production, y compris la technologie et tout un ensemble de connaissances, est évidente. Cette complémentarité, pour s'exercer correctement, requiert une répartition des rôles.

Fonctionnement de la capitalisation

La capitalisation classique, basée sur des investissements dans les entreprises, les infrastructures, les bâtiments, la technologie, ne peut évidemment pas se substituer à ce que l'on appelle de façon ambiguë « la répartition ». Celle-ci fonctionne par reproduction du capital humain, lequel ne fait pas l'objet de droits de propriété : fort heureusement, l'esclavage est devenu résiduel. La capitalisation, elle, accumule des droits de propriété sur des biens, matériels ou non (entreprises, brevets, techniques), et des créances finançant le capital classique, à commencer par les entreprises et les infrastructures publiques (routes, ponts, ports, etc.).

La répartition porte nécessairement sur de vastes ensembles humains, en général la population d'un pays, sur laquelle les autorités de l'Etat disposent d'un pouvoir de prélèvement. La capitalisation, elle, peut être organisée à plus petite échelle, au moyen de contrats assez classiques : les adhérents en cours de constitution de leurs droits à pension versent des cotisations avec lesquelles un fonds, dit « fonds de pension », acquiert des créances (particulièrement des obligations) et des titres de propriété (principalement des actions et des biens immeubles). Les adhérents ayant liquidé tout ou partie de leurs droits perçoivent sous forme de rentes viagères le fruit des placements effectués par leur fonds de pension : intérêts, dividendes, loyers, ventes de biens et titres, remboursements de créances. Il existe une mutualisation du risque : alors qu'un particulier se constituant son propre portefeuille ne peut, à moins d'être Crésus, posséder qu'une variété limitée de titres et immeubles, le recours à un fonds permet une assez bonne réduction des risques liés aux placements.

De plus, et c'est fondamental, la capitalisation, comme la répartition, effectue une péréquation entre les adhérents qui vivent jusqu'à un âge avancé et ceux auxquels les Parques font signe plus tôt. Le principe de la retraite, qu'elle fonctionne par capitalisation classique ou par répartition (capital humain), est en effet de distribuer à chacun, chaque mois ou chaque trimestre, la somme qu'il serait raisonnable de lui allouer si sa longévité était égale à la durée de vie moyenne[56]. Il s'agit

[56] Deux problèmes se posent : de quel ensemble de personnes prend-on la moyenne des durées de vie ? Et, sachant que la durée de vie effective est connue seulement *a posteriori*, quelle prévision de durée de vie moyenne utilise-t-on ? Il s'y ajoute un choix stratégique, presque inexistant pour la retraite par répartition : les responsables du fonds doivent-ils prendre des mesures pour que n'adhèrent pas principalement des personnes ayant une espérance de vie très supérieure à la moyenne ? Pour prendre un exemple caricatural, un fonds pourrait avoir été fondé spécifiquement pour les cadres d'une grande entreprise, puis être ouvert au « petit personnel », dont la durée de vie moyenne est moindre, avec pour résultat de « plumer » les nouveaux adhérents au profit des premiers. Variante de cette arnaque : créer un fonds

toujours d'un accord par lequel chaque participant accepte d'avoir fait un placement peu rentable, voir épouvantablement mauvais, s'il meurt jeune, pour avoir la chance d'obtenir beaucoup plus que ce qu'il a fourni s'il s'avère qu'il a, comme on disait jadis, l'âme chevillée au corps. Tout système de retraite constitue une loterie dont les gagnants sont les adhérents qui vivent plus longtemps que la moyenne. Encore faut-il que les dés ne soient pas pipés, cas évoqué note 38.

Complémentarité de la capitalisation et de la répartition

Cette complémentarité correspond à celle du capital humain et du capital classique. Une personne, si intelligente et entreprenante soit-elle, a besoin de capital pour exercer ses talents. Et un capital classique (un parc immobilier, une entreprise, un portefeuille d'actions, etc.) ne fournit de bons résultats que s'il est bien géré. Dans un pays bien gouverné, les retraites devraient donc s'appuyer pour partie sur le capital classique, et pour partie sur le capital humain.

Au niveau d'un pays, la retraite par répartition relève logiquement d'un régime unique : c'est ce qu'a fini par comprendre l'Etat français, exemple parfait de la formule « je comprends vite, mais il faut m'expliquer longtemps[57] ». En

---

initialement réservé aux femmes, dont la longévité moyenne est grande, puis l'ouvrir aux hommes, dont l'espérance de vie est moindre. Ces délicats problèmes méritent évidemment des travaux qui dépassent le cadre du présent ouvrage.

[57] Je fournis ces explications depuis une quarantaine d'années : l'article séminal, « le rôle du capital humain en matière de retraites et de prestations familiales », a été publié en 1980 dans *Population*, la revue de l'Institut national d'études démographiques. Il a été suivi de plusieurs articles dans des revues spécialisées comme *Droit social*, ou plus généralistes comme *Humanisme et Entreprise*. Mon *Economie de la protection sociale* (Armand Colin, 1992) a fourni les analyses économiques requises, et *Quelles retraites en l'an 2000 ?* (Armand Colin, janvier 1993) indiquait ce qui aurait permis à la loi retraites d'Edouard Balladur du 22 juillet 1993 de promulguer une réforme systémique unifiant nos dizaines de régimes disparates au lieu de donner une forme législative à de simples mesures de gestion courante. Sautons quelques décennies et nous arrivons à *La retraite en liberté*, ouvrage

revanche, la retraite par capitalisation prend le plus souvent la forme de multiples fonds de pension, dont certains peuvent être conçus « sur mesure » pour les besoins spécifiques de telle ou telle profession ou catégorie de personnes. Ainsi une douzaine de professions libérales, ou réunions de professions libérales, disposent-elles en France de suppléments de retraite fonctionnant en capitalisation.

Bien évidemment, la souplesse ne doit pas être réservée à la capitalisation : elle peut et doit exister aussi dans le régime unique de retraites par répartition qui devra, un jour ou l'autre, se substituer en France à la quarantaine de régimes actuels. Néanmoins, sa mise en œuvre est plus facile dans le cadre d'un organisme de plus petite taille, qui peut effectuer un changement améliorant son adéquation aux intérêts et aux desiderata de ses adhérents sans qu'il soit nécessaire de voter une loi.

La complémentarité entre répartition et capitalisation découle de celle qui existe entre le capital humain et le capital classique

Il est toujours plus commode de disposer de 4 membres pour se mouvoir. Les oiseaux ont une paire d'ailes, excellente formule pour les grands trajets, et une paire de pattes, plus pratique pour aller d'un vermisseau à un autre. Certes, quelques oiseaux, dont l'autruche, n'utilisent guère leurs ailes, et la France « fait l'autruche » en se servant peu de la capitalisation, mais est-ce une bonne chose ? Mieux vaudrait ne pas imiter l'autruche, nous servir de nos ailes – la capitalisation – en sus de nos jambes – la répartition. Il serait raisonnable de miser, pour nos retraites, environ un tiers sur la capitalisation, et deux tiers sur la répartition, puisque le capital classique représente environ un tiers de nos moyens de production, et le capital humain environ deux tiers.

---

paru au Cherche-Midi en janvier 2017, dont la lecture aurait permis à Jean-Paul Delevoye et Emmanuel Macron de ne pas préparer seulement une demi-réforme.

La France est très éloignée de ces proportions ; un renforcement de la capitalisation serait le bienvenu ! Mais il serait imprudent de prêter l'oreille au chant des sirènes, c'est-à-dire des partisans du « tout-capitalisation », qui – parmi les économistes – appartiennent surtout à la petite fraction de ceux qui ne jurent que par la micro-économie et le marché, sans chercher à étudier ce qui se passerait si l'on tentait d'appliquer leurs conseils dans un pays plus grand que Monaco. Restons sérieux : la France a besoin à la fois d'un système unique de retraites dites « par répartition », fondé sur l'investissement dans le capital humain, et d'une pluralité de fonds de pensions, permettant par leur diversité de répondre à toutes sortes de besoins particuliers.

Parmi ces besoins, figure l'attribution de droits à pension aux travailleurs qui, en raison des spécificités de leur travail ou de leurs fonctions, peuvent souhaiter à juste raison cesser leur activité professionnelle à un âge assez précoce, voire même sont obligés de le faire par une réglementation interdisant d'accomplir certains travaux passé un certain âge.

Les droits à pension pour travail pénible ou dangereux doivent relever de la capitalisation

Comment récompenser sans se livrer à une escroquerie des personnes travaillant dans des conditions difficiles ou dangereuses ? Actuellement, un militaire qui risque sa vie sur un théâtre d'opérations extérieures perçoit, à juste titre, un supplément de rémunération sous une forme différée : des droits à pension supérieurs à ceux qu'il aurait obtenu s'il était resté dans une garnison sans danger – droits qu'il peut utiliser soit pour prendre sa retraite assez jeune, soit pour disposer de plus de facilités durant la dernière phase de son existence. Et n'oublions pas, s'agissant de militaires, qu'assez souvent les conjoints ne peuvent pas exercer une activité professionnelle là où le soldat est envoyé en mission : cela requiert une solde plus élevée, mais aussi des droits à pension pour le conjoint provenant d'une autre source que l'activité professionnelle.

Les droits à pension accordés en raison de sujétions particulières (pénibilité, dangerosité, etc.) constituent, au fond, un supplément de rémunération pour accomplissement d'une tâche particulièrement assujettissante. Quand le travailleur est au service de l'Etat, celui-ci, prompt à s'octroyer le droit de faire ce qu'il interdit à ses sujets (on n'ose dire citoyens), accorde des droits à pension sans les provisionner. Le supplément de rémunération ne pèse pas sur les contribuables actuels, il n'entre pas dans le budget de l'année au cours de laquelle notre militaire – cas le plus fréquent – crapahute en territoire infesté d'ennemis : il prend la forme d'une majoration de pension qui n'est pas provisionnée, mais sera financée ultérieurement, au moment où la pension sera liquidée, par un prélèvement sur les contribuables du moment.

Cette façon de faire entre clairement en contradiction avec l'article 47-2 de la Constitution, qui dispose : « Les comptes des administrations sont réguliers et sincères. Ils donnent une image fidèle de leur gestion, de leur patrimoine et de leur situation financière. » En effet, les majorations de pension promises augmentent d'autant la dette publique réelle, mais pas la dette publique officielle. Au lieu d'être payés par les contribuables au fur et à mesure des missions qui les justifient, ces droits à pension fournis au titre des OPEX (opérations extérieures) sont purement et simplement mis à la charge des futurs contribuables. C'est une dette publique non comptabilisée, mais bien réelle. Comment les employeurs privés ne seraient-ils pas tentés de faire de même, quand ils sont soumis à des pressions syndicales ou étatiques pour accorder des compensations en cas de dangerosité ou autres inconvénients de certains travaux ?

La mise en œuvre du conseil « ne paie pas toi-même aujourd'hui ce que tu peux faire payer demain par un autre » ne se limite pas au secteur public : le projet de loi portant réforme des retraites conformément au rapport Delevoye en fournit un exemple, puisqu'il prévoyait dans le secteur privé des attributions de points pour travaux pénibles ou dangereux, sans constitution de provisions *ad hoc*. Autrement dit, **l'Etat aurait promis de prendre à sa charge, le moment venu, ce qu'il aurait fallu provisionner lors de l'accomplissement des**

travaux pénibles ou dangereux. Les principes comptables les plus raisonnables auraient été bafoués, peut-être même sans que nos dirigeants et parlementaires en aient clairement conscience, tellement ils ont pris l'habitude, les premiers de préparer, et les seconds de voter, des textes en contradiction avec l'article 47-2 de la Constitution cité plus haut.

Certes, le Covid-19 a conduit à différer ce projet de réforme des retraites, mais il ressortira probablement un jour, y compris ce traitement démagogique des problèmes de dangerosité et de pénibilité, car il est extrêmement tentant de dire aux employeurs et aux salariés : « vous n'avez rien à débourser dans l'immédiat, toutes ces promesses donneront lieu à des prélèvements dans un avenir assez lointain, lorsque les personnes de 20 à 50 ans qui exercent aujourd'hui des travaux pénibles prendront leur retraite. » Autrement dit : « nous majorons vos droits à pension, tenez-nous en d'autant plus gré que ni vous ni vos employeurs n'auront rien à payer dans l'immédiat, tout sera demandé à ceux qui seront en poste dans quelques décennies. »

Cette bévue législative à laquelle la pandémie nous a fait provisoirement échapper peut se renouveler à n'importe quel moment. Il faut impérativement changer notre manière de faire, comptabiliser correctement les promesses faites pour l'avenir en récompense ou compensation pour des sujétions, ou travaux dangereux ou particulièrement fatigants, et donc ne pas utiliser comme mode de rémunération l'attribution de droits à pension dans un régime par répartition. Il faut traiter en capitalisation ce qui relève logiquement de la capitalisation. *Errare humanum est, perseverare diabolicum* !

CHAPITRE 7

Problèmes posés par les différences d'espérance de vie selon le sexe et la catégorie professionnelle ou sociale

Ces problèmes ne sont pas spécifiques aux retraites par capitalisation classique : ils se posent également dans les systèmes dits par répartition, c'est-à-dire par capitalisation humaine. Cette section complète donc chacun des deux chapitres précédents.

Prenons deux personnes ayant investi dans la jeunesse de la même manière, et ayant cotisé également au même fonds de pension. Elles ont droit, équitablement, aux mêmes pensions. Or voici que l'une décède dans un accident de la circulation moins d'un an après avoir pris sa retraite, tandis que l'autre profite de sa pension pendant un quart de siècle. Cela est-il juste ?

Le pacte implicite des assurances sociales

La « sagesse des nations » et le législateur ont décidé que ce n'est pas injuste. Tout système de retraite compense la particulièrement longue durée de vie de certains de ses bénéficiaires par le décès prématuré de certains autres. C'est le pacte implicite qui unit les assurés sociaux : si j'ai la chance de n'avoir aucun ennui de santé sérieux, je ne regrette pas que mes cotisations maladie servent à d'autres, moins bien lotis à cet égard. Et si je décède peu après avoir pris ma retraite, les sommes que j'ai dépensé pour la préparer, que ce soit en capitalisation ou en répartition, que j'aille au paradis, en enfer, ou que je disparaisse dans le néant, je n'en ai plus le moindre besoin. Pourvu que ma famille ne soit pas lésée (c'est pour éviter cela que la réversion a été inventée), la caisse de retraite est donc fondée à payer les pensions des retraités « indestructibles » grâce à mon décès précoce.

Pour équilibrer les comptes de la caisse du report, il faut traduire les principes en dispositions précises. La caisse module le rapport entre cotisations versées et pensions mensuelles à l'aide d'un paramètre simple : l'âge à la liquidation. Plus je retarde la liquidation de ma pension, plus la somme que je percevrai chaque mois sera confortable. Chacun comprend ce principe, et les actuaires font les calculs requis. Mais un autre facteur intervient : les inégalités d'espérance de vie. En tenir compte est juste au niveau des principes, mais délicat et difficile dans la pratique.

Pourquoi tenir compte de l'espérance de vie dans le calcul des pensions ?

Globalement, il existe des différences importantes entre les femmes et les hommes, et entre les catégories socio-professionnelles : les premières ont une espérance de vie très supérieure à celle des seconds, et la longévité des cadres dépasse de 20 % environ celle des ouvriers, comme le montrent les tableaux et graphiques ci-dessous. Or il serait logique et juste que les personnes ayant devant elles, statistiquement, de longues années à passer à la retraite, perçoivent moins chaque mois, à effort contributif égal, que celles qui vivront probablement moins longtemps.

Une évaluation intéressante de l'espérance de vie selon la catégorie socio-professionnelle a été fournie par l'INSEE dans *Solidarité-Santé* n° 40 de juin 2013. Selon cette étude, basée sur les années 2000 – 2008, l'espérance de vie à 60 ans selon le sexe et la CSP prend les valeurs suivantes :

Espérance de vie à 60 ans, en années, pour la période 2000 - 2008

	Cadres	Prof. Interm.	Agri-cul-teurs	Chefs d'entr.	Emplo-yés	Ou-vriers	Inactifs	Ensem-ble
Hom-mes	24	22,3	22,3	22,2	21	19,6	16	21,1
Fem-mes	27,8	27,4	26,2	27,1	26,4	25,5	25,2	26,1

La différence entre hommes et femmes est nettement plus forte que celle qui existe entre les CSP : de 4 à 6 ans, 5 ans en moyenne, alors qu'entre CSP, exception faite des inactifs hommes, elle culmine à 2,7 années, presque deux fois moins. On voit tout de suite le problème politique que rencontrerait un projet de loi ordonnant de tenir compte de la différence de longévité entre sexes et entre CSP. De plus, les évolutions en matière de longévité ont été très rapides : entre la période 1976-1984 et la période 2000-2008 ici présentée, l'espérance de vie à 60 ans a augmenté d'environ 5 années, avec de très faibles différences d'une CSP à une autre. Le graphique ci-dessous donnant l'évolution de l'espérance de vie à la naissance montre un gain de 15 ou 16 années entre 1949 et 2019 : or, en France, durant ces 70 ans, non seulement l'âge de départ à la retraite n'a pas augmenté en proportion, mais bien mieux, ou bien pire, il a diminué, notamment du fait de la « retraite à 60 ans » (au lieu de 65 ans) instaurée en 1982. Les paramètres de calcul des pensions devront donc subir de fortes modifications au fil du temps si l'augmentation de l'espérance de vie se poursuit à un rythme aussi soutenu.

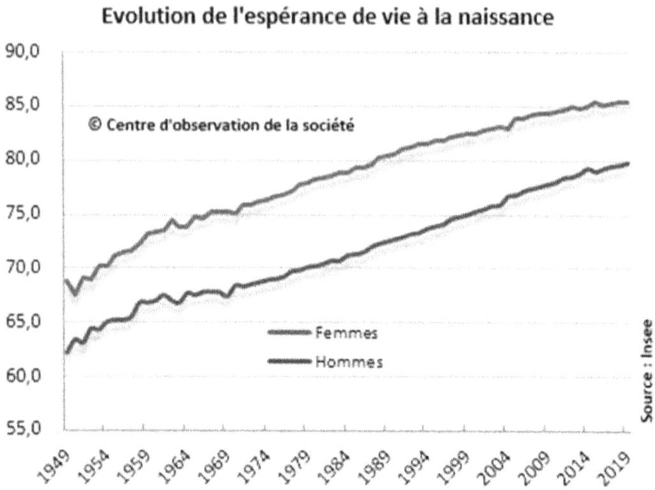

De récentes données de l'INSEE, exploitées par le *Centre d'observation de la société*, montrent que certaines évolutions sont réversibles, en particulier celles concernant l'écart d'espérance de vie entre les hommes et les femmes. Le graphique ci-dessous montre que cet écart a beaucoup augmenté entre 1949 et 1979, et qu'il régresse assez fortement depuis 1989, le niveau atteint en 2019 (soit 5,9 années) ne dépassant guère celui de 1949 (soit 5,4 années), après que ce niveau a culminé à plus de 8 pendant près de 15 ans.

Ecart d'espérance de vie entre les femmes et les hommes (années)

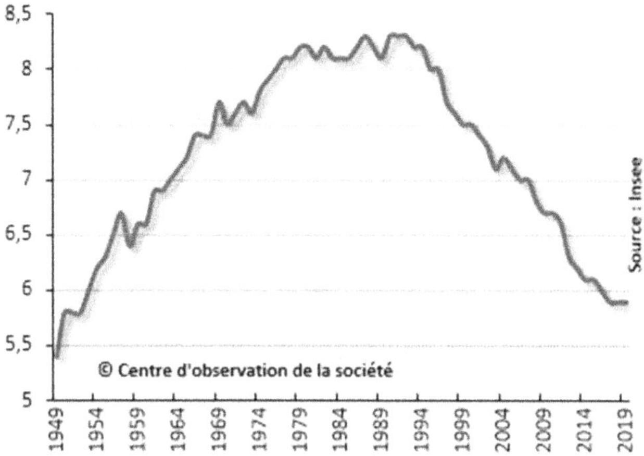

L'évolution de l'espérance de vie à la naissance diffère donc selon que l'on regarde le cas des hommes ou celui des femmes. Mais, pour l'un et l'autre sexe, le phénomène principal, massif, est un gain d'espérance de vie à la naissance de plus de 15 ans entre 1949 et 2019.

N'oublions pas que l'espérance de vie à la naissance est le résultat d'un calcul théorique basé sur l'invariance des conditions de mortalité par âge observées l'année de cette naissance. Autrement dit, si les progrès de la médecine, de l'hygiène et de l'alimentation continuent durant les 80 prochaines années, et s'il n'y a pas de catastrophe telle qu'une guerre atomique ou une épidémie pire que le covid-19, les femmes nées en 2019 vivront en moyenne nettement plus que les 85 ou 86 ans fournis par cette projection, et la moyenne pour les hommes dépassera nettement 80 ans. L'avenir n'est pas complètement déterminé par la situation présente ; nous devons travailler à ce que nos descendants disposent d'un système qu'ils pourront faire évoluer sans trop de difficultés.

L'atout des systèmes universels par points

Pour atteindre cet objectif, la solution la plus pratique consiste à mettre en place un système de retraites comprenant toute la population française – ce que l'on appelle couramment un système « universel », bien que cette dénomination soit curieuse pour un régime national – et dans lequel les droits à pension prennent la forme de points.

La formule des points a été adoptée par l'Allemagne en 1992 pour le régime de base qui couvre la grande majorité des Allemands, mais en France elle avait été mise en place dans le premier grand régime complémentaire, l'AGIRC, depuis son origine en 1947 : les partenaires sociaux français de l'encadrement d'abord, puis ensuite de tous les salariés, avec la création de l'ARRCO, ont compris avant les législateurs le caractère malcommode et assez peu équitable des systèmes par annuités.

L'équité de ces systèmes est médiocre, en effet, car ils s'appuient complètement sur une notion grossière de durée de l'activité professionnelle. Une personne effectuant 40 années de travail à raison de 30 heures par semaine est fortement avantagée par rapport à celle qui a travaillé 40 heures par semaine durant 30 ans. Et surtout, comme nous l'avons vu dans la première partie de cette étude, le fait d'avoir été professionnellement actif ne contribue pas directement à ce qui permet de vivre ensuite de ses rentes : la cause efficiente n'est pas le travail, mais l'investissement dans la jeunesse. Or il est assez simple d'attribuer des points au prorata des versements effectués dans ce but, par exemple pour financer la formation initiale, et en fonction des enfants élevés.

Le moins mauvais des principes totalement archaïques d'attribution des droits à pension est l'achat de points par le versement de cotisations vieillesse : les systèmes allemand et suédois, comme l'ARRCO-AGIRC en France, sont plus facilement pilotables que les systèmes par annuités. Les points ont beau y être attribués pour une mauvaise raison, la manœuvre qui permet de proportionner le montant total des pensions dues au montant total des cotisations perçues est simple : il suffit que la direction du régime choisisse bien, initialement, la valeur de service du point et l'âge pivot, et les fasse ensuite évoluer correctement. Il s'agit là de réglages paramétriques dont la responsabilité incombe aux techniciens, pas aux politiciens.

Quant à l'universalité, elle évite les problèmes qui surgissent inévitablement dans les régimes catégoriels. Les régimes spécifiques aux exploitants agricoles, aux artisans et commerçants, aux salariés des mines ou de la SNCF, ont apporté la preuve concrète de ce que la simple raison suggère : les méthodes de production changent au fil du temps, et ces changements ne permettent pas de promettre sérieusement aux membres d'une catégorie particulière qu'ils auront assez de successeurs pour que les cotisations versées par ces successeurs leur permettent de vivre correctement. L'aléa démographique, déjà important au niveau d'une nation – au Japon, pays à faible natalité depuis des décennies, peu de personnes peuvent se permettre de cesser leur activité professionnelle avant 70 ans – devient dirimant au niveau des régimes catégoriels. En France, le remplacement de nos plus de 40 régimes par un régime unique est tout bonnement indispensable.

Le rôle de l'âge pivot

Dans un système par points il est d'usage de définir un âge pivot, susceptible d'évoluer avec le temps, qui sert au calcul des pensions de la manière suivante : le montant mensuel de la pension est d'abord calculé comme si la liquidation avait lieu à cet âge pivot, puis ce montant P ainsi obtenu est multiplié par un coefficient actuariel A, fonction croissante de l'âge à la liquidation. Le retraité perçoit une mensualité égale à PA.

L'âge pivot est une variable de commande très pratique pour gérer les variations de la longévité : Il suffit d'augmenter cet âge au fur et à mesure des progrès de l'espérance de vie. L'accroissement de la longévité peut être réparti à raison d'une fraction R pour la retraite et 1-R pour la vie active. Si par exemple R est choisi égal à 0,33, cela signifie que le gain d'espérance de vie se répartira à raison de deux tiers pour la vie professionnelle et un tiers pour la retraite. Chaque fois qu'un trimestre de vie serait gagné, il serait réparti pour les calculs entre deux mois de plus « au turbin » et un mois de plus « au loisir ». Naturellement, le comportement de Monsieur Dupont et de Madame Durand ne leur serait pas dicté : simplement, l'âge pivot sera relevé de deux mois, et libre à eux de choisir un loisir de troisième âge plus ou moins long, avec une pension mensuelle moins confortable dans le premier cas et plus confortable dans le second.

Une fois adopté la technique de l'âge pivot[58], le caractère très politique de l'actuelle gestion des retraites devrait céder logiquement la place à des décisions de nature plus technique. Pourquoi le Gouvernement, et *a fortiori* le Parlement, viendraient-ils se mêler de ce qui est tout simplement de la gestion courante ? Les décisions seront logiquement prises par le comité de direction de *France retraites*, si l'on nomme ainsi le système unifié et réformé par le législateur. Ce dernier aura fait son travail, de nature institutionnelle, en instaurant les points et l'âge pivot ; ensuite, à la direction de *France retraites* de prendre ses responsabilités et de « faire le job », lequel consistera d'ailleurs pour une bonne part à tirer les conséquences logiques des données fournies par les statisticiens et analysées par les actuaires.

Le recours à l'âge pivot permettra de confier la gestion des retraites à de véritables gestionnaires, de « dépolitiser » la retraite. Demander au Parlement de statuer, sur proposition du Gouvernement, à propos d'une modification de l'âge pivot, serait complètement illogique : pourquoi politiser une décision purement technique, dont le principe aura été validé une fois pour toutes par le législateur ? Faire sans cesse intervenir le Parlement, lui confier des actes de simple gestion, c'est ignorer le B. A. BA de la division du travail : comment se porterait une entreprise dans laquelle les prix de vente seraient fixés par le Conseil d'administration ? Aucun gestionnaire de talent

---

[58] Notons que les systèmes « en annuités » peuvent utiliser la technique de l'âge pivot : c'est ce qui se passe aux Etats-Unis. On y observe même une assez remarquable programmation à long terme du relèvement de l'âge pivot : mise en place par l'administration Reagan, elle va seulement maintenant devoir être renouvelée !

n'accepterait un poste de directeur général ou de directeur commercial dans une telle entreprise ! Elle irait inévitablement à vau-l'eau, ce qui n'est d'ailleurs, hélas, pas loin d'être le cas de l'entreprise France depuis quelques décennies. La politisation des décisions de simple gestion fait des ravages là où elle sévit.

Articulation et complémentarité de la répartition et de la capitalisation

Revenons au coefficient actuariel A, utilisé pour calculer le montant de la pension lorsque sa liquidation aura lieu à un âge différent de l'âge pivot (auquel, par définition, A vaut 1). Ce coefficient peut dépendre ou non du sexe et de l'activité professionnelle ayant été exercée. Un choix est à opérer entre l'équité et la simplicité. Si A est calculé pour l'ensemble de la population, le système est on ne peut plus simple : il existe pour chaque âge une seule valeur du point, que l'on soit homme ou femme, conseiller d'Etat, employé de bureau ou éboueur. Si l'on veut tenir compte des différences d'espérance de vie entre les hommes et les femmes, et entre les différentes professions, ce qui semble équitable, des dizaines, voire même des centaines, de coefficients d'actualisation différents devraient être utilisés. Cela provoquerait probablement des discussions sans fin, assorties de grèves et autres manifestations de mécontentement. Est-ce inévitable ?

Nous ne sommes heureusement condamnés à choisir entre la simplicité et l'équité que si nous renonçons à utiliser la capitalisation. En effet, si les travaux « usants » donnent lieu à un supplément de rémunération prenant la forme de versements effectués par l'employeur à un fonds de pension, le résultat pour les personnes concernées sera proche de celui qui pourrait être obtenu en utilisant, pour le calcul de la pension par répartition, un coefficient actuariel à valeurs multiples : certes les personnes exerçant un travail fatiguant, pénible ou dangereux ne bénéficieront pas en répartition de coefficients plus favorables, mais en revanche ils auront la possibilité, grâce à la capitalisation, de partir à la retraite plus tôt avec une pension convenable.

Cette disposition obligera l'employeur à débourser davantage pour 35 heures de travail dangereux, pénible, ou particulièrement fatigant, que pour 35 heures de travail « ordinaire », ce qui est normal, et le salarié en bénéficiera sous forme de droits dans un fonds de pension. Il sera libre d'utiliser ces droits pour cesser son activité professionnelle relativement jeune, ou pour être plus à son aise durant sa retraite : à lui de choisir. Et il sera impossible à l'Etat comme aux entreprises de promettre des retraites anticipées à taux plein sans débourser l'argent correspondant, c'est-à-dire en reportant sur des gouvernements ultérieurs le soin de majorer taxes et impôts. Cette sorte de cavalerie a beau être interdite par l'article 47-2 de la Constitution, du moins s'il n'est pas édulcoré par des interprétations laxistes, bien des gouvernements en font volontiers usage ; leur interdire de manière plus opérationnelle[59], en matière de rémunérations, cette technique souvent utilisée pour passer la patate chaude au successeur, sera faire œuvre pie !

Sachant que le recours à la capitalisation est très souhaitable, à la fois pour financer les investissements classiques et pour résoudre les problèmes posés par les différences de pénibilité et de dangerosité des activités professionnelles, nous suggérons de choisir cette solution, qui possède en outre l'avantage suivant : la mesure de la pénibilité étant très difficile, très sujette à contestations, le recours à un indicateur démographique calculable objectivement, à l'abri des tricheries, et facile à utiliser, simplifierait les prises de décision, diminuerait le recours à des négociations délicates, chronophages, psychiquement énergivores et créatrices d'antagonismes au sein du monde du travail.

Il est peu probable que l'on trouve le moyen de supprimer totalement les inégalités devant la retraite qui découlent des différences de longévité ; en revanche, il est possible d'atténuer

---

[59] Si la Constitution est interprétée de façon laxiste, une loi peut et doit être consacrée à « mettre les points sur les i ».

ces inégalités en tenant davantage compte que ce n'est le cas aujourd'hui de ce facteur démographique très important, l'espérance de vie, qui possède l'avantage d'être calculable pour différentes catégories de population. Le recours à la capitalisation, en articulation avec la répartition, est une clé particulièrement importante pour sortir du réduit où nous enferme la difficulté de gérer certains problèmes à l'aide de la seule répartition.

Cure de jouvence pour la réversion

Les couples peuvent adopter des solutions différentes pour la répartition du patrimoine entre les conjoints. Le mariage est une sorte de contrat dont les clauses peuvent être, dans une certaine mesure, choisies par les intéressés. De la séparation de biens à la communauté universelle en passant par la communauté réduite aux acquêts, il existe différents dispositifs pour le patrimoine classique. Les droits à pension, y compris en répartition, constituent eux aussi un actif patrimonial. Le dispositif dit « réversion » a pour objet de permettre une sorte de mise en commun du patrimoine retraite.

Actuellement, les règles juridiques relatives à la réversion sont compliquées. Dans le cas le plus fréquent, à savoir un défunt relevant du régime de base de la sécurité sociale et de l'ARRCO-AGIRC, pour le premier régime une réversion au taux de 54 % est due à partir des 55 ans de la personne devenue veuve ou veuf, sous réserve de ne pas dépasser un plafond de ressources (20 550 € en 2019), tandis que pour le second il n'y a pas de conditions de ressources. On voit là une différence de conception de la réversion : pour le régime général, elle est une mesure « sociale » réservée aux conjoints survivants dont les ressources sont modestes, et pour l'ARRCO-AGIRC elle est une mesure « financière », qui considère en quelque sorte les droits à pension comme un élément patrimonial dont chaque époux possède *grosso-modo* la moitié.

Une autre solution, elle aussi financière, pourrait être mise en œuvre à l'occasion du passage à un régime unique par points, s'il finit par avoir lieu. Un point est un actif financier qui appartient initialement à un individu. Si celui-ci souhaite le faire entrer dans une communauté de biens entre époux, pourquoi le législateur l'en empêcherait-il ? Les actuaires maîtrisent les techniques relatives aux rentes sur deux têtes ; ils peuvent faire les calcul requis pour qu'en entrant dans le patrimoine conjugal commun aux deux époux les points acquis par chacun d'eux représentent toujours la même dette pour le régime universel de retraite, ni plus, ni moins. Les problèmes de pauvreté éventuelle du conjoint survivant n'ont pas à être réglés en laissant de côté les règles actuarielles : il existe des dispositions pour éviter aux personnes âgées de basculer dans la pauvreté ; ce sont ces dispositions qui devront jouer si jamais une veuve (cas le plus fréquent) ou un veuf se retrouve dans une situation de forte pauvreté.

Actuellement, la tendance est à tout mélanger : le législateur a cherché à combattre la pauvreté en faisant des entorses aux règles actuarielles relatives aux rentes sur deux têtes. Le recours automatique à ces règles, suivi si nécessaire par l'attribution d'une rente complémentaire attribuée en raison de la pauvreté du conjoint survivant, est une bien meilleure solution.

CHAPITRE 8

La prise en charge de la dépendance

Les situations de dépendance peuvent concerner aussi bien des jeunes et des adultes que des retraités : certains naissent avec une infirmité physique ou un problème psychique, d'autres deviennent incapables d'accomplir seuls divers actes de la vie courante à la suite d'un accident ou d'une maladie, et il arrive que la vieillesse se traduise par des infirmités physiques ou neurologiques, comme une difficulté à se déplacer ou un Alzheimer (dégradation, souvent progressive, de la mémoire).

Les dépendances sont très variées

Stephen Hawking, astrophysicien qui fit avancer l'interconnexion de la théorie de la relativité générale et de la mécanique quantique, travailla efficacement sur les trous noirs, et fut un vulgarisateur de talent dont les ouvrages se vendirent à des millions d'exemplaires, était atteint d'une sclérose latérale amyotrophique qui, après l'avoir cloué assez jeune sur une chaise roulante, en vint même à l'empêcher de parler : il dut s'exprimer par l'intermédiaire d'un ordinateur et d'un synthétiseur vocal. Sa vie apporte la preuve que le handicap, si lourd soit-il, n'est pas forcément synonyme de dépendance économique : S. Hawking gagnait très largement sa vie. Mais il eut assez jeune besoin d'assistance pour effectuer des actes que la grande majorité des gens accomplissent sans problème, du moins tant qu'ils ne sont pas très âgés. L'expression « prise en charge de la dépendance » doit donc être utilisée avec prudence : elle ne cible pas exclusivement des situations dans lesquelles une personne est incapable de subvenir à ses besoins ; les handicapés pourvus de revenus confortables, bien suffisants pour payer les services dont ils ont besoin, ne sont pas majoritaires, mais il en existe.

Les personnes handicapées ayant besoin d'une aide telle qu'un appareillage gratuit ou subventionné, une personne à leur service rémunérée totalement ou partiellement par « la sécu » au sens large du terme, et ainsi de suite, sont beaucoup plus nombreuses que celles qui peuvent produire suffisamment pour être économiquement autonomes comme le célèbre astrophysicien auteur de best-sellers. Les aspects économiques du handicap sont considérables ; ils doivent être pris en charge par la sécurité sociale ou un autre organisme de protection sociale ; les problèmes physiques ou mentaux des personnes handicapées doivent être traités par des institutions *ad hoc*, elles-mêmes financées par la sécurité sociale ou son équivalent lorsque leurs « clients » ne peuvent pas payer les services qui leur sont rendus.

Cette prise en charge multiforme concerne des personnes de tous âges : certaines sont dépendantes depuis leur naissance, d'autres le sont devenues au cours de leur jeunesse ou de leur âge adulte par suite d'un accident ou d'une maladie, d'autres enfin voient simplement leurs facultés décliner fortement avec le passage des ans. De même que l'assurance maladie, l'assurance dépendance est donc confrontée à une large gamme de problèmes.

Le financement de la prise en charge du risque dépendance

En France, la *Caisse nationale de solidarité pour l'Autonomie* (CNSA) a mission, depuis sa création par la loi du 30 juin 2004, de « participer au financement des aides pour les personnes âgées et les personnes handicapées en perte d'autonomie ». L'expression « participer au financement des aides » est quelque peu timide, mais réaliste : le budget de la

CNSA, 27 Md€ pour l'année 2019 et 27,6 Md€ pour 2020, représente seulement une fraction des sommes consacrées à la dépendance, qui se sont élevées à 67,1 Md€ en 2017. Mais il faut avoir présent à l'esprit que c'est la CNSA qui suit l'ensemble de ces dépenses ; c'est elle qui collecte et publie *Les chiffres clés de l'aide à l'autonomie*, document qui récapitule la totalité du financement public consacré à cette fonction. Cela rend passablement comique le projet de création d'une « cinquième branche » de la sécurité sociale annoncé à son de trompes en juin 2020 : cette branche existe, des millions de personnes y ont recours ; le problème n'est pas de la créer, mais d'améliorer son fonctionnement, son efficacité, son rapport efficacité/coût et, si c'est réellement nécessaire, son budget.

Les documents officiels emploient peu le vocabulaire « dépendance » : ils disent plutôt « financement de l'aide à l'autonomie » ou « budget autonomie ». Il s'agit d'un optimisme de commande qui ne craint pas le ridicule : ces sommes incluent notamment le financement public accordé aux 7 500 EHPAD, établissements qui ont comme principal objectif d'assurer à leurs quelque 600 000 pensionnaires, souvent cacochymes, une fin de vie aussi digne que possible. On n'arrête pas la novlangue ! C'est pourtant ce par quoi il faudrait commencer. « Appeler un chat, un chat », comme dit la sagesse des nations, est le point de départ de toute bonne réforme.

Reste que l'objectif de procurer davantage de liberté aux personnes dépendantes est excellent : chacun sait que s'il a le malheur de se casser la jambe, il est souhaitable que ses proches lui procurent une paire de béquilles et aménagent son environnement de façon qu'il puisse faire un certain nombre de choses sans être obligé de recourir à une tierce personne. Un souhait du même ordre peut être formulé, *mutatis mutandis*, pour de nombreuses situations dans lesquelles, moyennant du bon sens et quelques moyens, il est possible de ne pas laisser le dernier mot au facteur handicapant. L'essentiel est d'avoir, collectivement comme individuellement, une ligne de conduite correspondant au célèbre poème de Kipling : « Si tu peux voir détruit l'œuvre de ta vie / Et, sans dire un seul mot, te mettre à rebâtir (...) Tu seras un homme, mon fils. »

Se débarrasser de la bureaucratie actuellement à l'œuvre

Une question très concrète se pose : faut-il conserver la multiplicité actuelle d'organismes concourant à la prise en charge de la dépendance, ou simplifier ce maquis ? **Pour les personnes handicapées**, à qui ont été destinés à peu près 43,5 Md€ d'argent public en 2017, l'Etat est le plus gros financeur, avec 14,8 Md€, suivi par la CNSA (12,1 Md€), puis la sécurité sociale (9,1 Md€), et les départements (6,9 Md€). Reste 0,6 Md€ en provenance de l'AGEFIPH (Association de gestion du fonds pour l'insertion professionnelle des personnes handicapées, organisme paritaire) et du FIPHFP, son homologue pour la fonction publique. Il faut avoir en quelque sorte « la foi du charbonnier » pour croire qu'une telle organisation est optimale. On observe de plus une certaine déshérence statistique concernant ce sujet puisque, par exemple, le document de la CNSA basé sur les données disponibles en 2019 ne nous donne pour le nombre de bénéficiaires d'une reconnaissance administrative du handicap que des chiffres remontant à l'enquête emploi 2015 de l'INSEE. Pour un budget de 43 Md€, cela ne fait pas très sérieux ! Débarrassons-nous des bureaucrates inefficaces, et confions les rênes du soutien aux personnes handicapées à des professionnels de la gestion capables de simplifier drastiquement le fonctionnement du système de prise en charge.

Pour les personnes âgées, la « compensation de la perte d'autonomie » est aussi répartie entre les quatre mêmes organismes : les 23,6 Md€ dépensés en 2017 viennent de la CNSA à hauteur de 13 Md€, des départements pour 6,6 Md€, de la sécurité sociale pour 2,3 Md€, et de l'Etat pour 1,8 Md€. Cette multiplicité d'opérateurs entraîne une multiplication des coûts de fonctionnement. Nous devons simplifier pour réduire les frais et augmenter l'efficacité.

Le financement de la CNSA est caractéristique de ce que peuvent faire des pouvoirs publics dominés par l'esprit bureaucratique. La CSA (contribution de solidarité pour l'autonomie) ne suffisant pas, des compléments ont été recherchés :

- Une part des droits de consommation sur les tabacs a ainsi été affectée à la CNSA durant deux années, 2015 et 2016.
- Une fraction de la CSG lui fut accordée quelques années, puis remplacée en 2013 par une Contribution Additionnelle de Solidarité pour l'Autonomie (CASA), prélèvement au taux de 0,3 % sur les retraites, pensions d'invalidité et allocations de préretraite, évidemment assorti d'exonérations pour les retraités ayant des revenus modestes.
- En 2016 fut instauré au profit de la CNSA un prélèvement social sur les revenus du capital.
- En 2019 s'est opéré un retour à une fraction des recettes de la CSG, en remplacement de la CSA sur les revenus du patrimoine.

Bref, on assiste à un mouvement brownien, une succession de changements relevant de la cuisine budgétaire pratiquée par un Etat auquel, dirait la sagesse populaire, il manque toujours quelques sous pour faire un franc. Cette cuisine budgétaire, résultat probablement de négociations compliquées, supprime toute relation logique entre les recettes et les dépenses et toute visibilité à moyen et long terme. Elle absorbe probablement des énergies conséquentes, qui font défaut, en revanche, lorsqu'il s'agit de prendre des décisions sérieuses. Une institution dotée d'un budget atteignant 27 milliards d'euros est gérée, du point de vue de ses finances, d'une façon que le contrôle fiscal reprocherait sévèrement à l'épicerie du coin de la rue. La responsabilité de cet état de fait incombe, à première vue, surtout aux pouvoirs publics : le jour où ceux-ci effectueront correctement leur travail, le personnel et l'encadrement de la CNSA et des autres organismes impliqués devraient être à même d'améliorer grandement le fonctionnement de la branche dépendance.

La CNSA peut devenir le gestionnaire de l'ensemble du dispositif de soutien aux personnes handicapées et à celles qui sont victimes de diverses infirmités, physiques ou psychologiques, qui les rendent vulnérables et, dans certains cas, dépendantes – mais il faut qu'elle dispose des pouvoirs requis. L'éparpillement des responsabilités doit céder la place à une organisation rationnelle, à une division du travail résultant d'une volonté d'efficacité, et non plus de l'empilement de dispositifs créés ou développés par des politiciens cherchant à faire parler d'eux ou par des bureaucrates désireux d'agrandir leurs baronnies.

Si la création d'une « cinquième branche » de la sécurité sociale est le moyen de réaliser une telle réforme, alors vive la cinquième branche ! Mais s'il s'agit de recouvrir le capharnaüm actuel d'une sorte de dôme à l'intérieur duquel pourra se poursuivre sa gestion calamiteuse, non merci !

CONCLUSION

Notre chère vieille *Sécu* est une institution au plein sens du terme : elle constitue une part conséquente du pacte entre citoyens qui fait de la France une nation respectable. S'il s'agissait d'une personne physique, nous lui serions reconnaissants d'être toujours « sur la brèche », prête à rendre service, mais nous regretterions qu'elle ait pris un embonpoint qui l'empêche d'intervenir avec toute l'agilité souhaitable ; nous regretterions aussi que son action soit dirigée par des idées préconçues, souvent vieillottes alors même que ses responsables les croient *up to date*. En somme, elle n'a pas très bien vieilli, elle n'est pas vraiment à la hauteur de ce que les Français attendent d'elle ; il lui faut une cure de jouvence.

Cette cure doit prioritairement la débarrasser de moult kilos de mauvaise graisse qui l'empêchent de faire son travail avec toute l'efficacité que les Français attendent d'elle. Qu'est-ce donc que cette antique et solennelle division de ses ressources entre cotisations patronales, cotisations salariales et fiscalité, si ce n'est de la mauvaise graisse accumulée au fil de pantagruéliques festins organisés par la classe politique et les partenaires sociaux ? Les cotisations patronales constituent une fiction éminemment nocive. Certes, l'employeur paye tout ce qu'acquiert ou consomme le salarié, depuis son alimentation et ses transports jusqu'à sa « couverture sociale », mais il existe pour cela un instrument qui a fait ses preuves : le salaire. Le recours à des cotisations dites patronales n'est pas seulement inutile : il est nuisible, parce que trompeur. Notre Sécu perd beaucoup à être tributaire de cet antique mensonge institutionnel, instauré pour donner du patronat une image d'institution charitable, tout comme Bismarck fut un chancelier « social » pour couper l'herbe sous les pieds au socialisme. Répudions ces héritages vieillots ! Faire passer la plus grosse partie des cotisations dites patronales dans le salaire brut, au sein duquel grossirait bien entendu la part des cotisations de sécurité sociale, donnera le « la » à une réforme-vérité. La fin des faux semblants, des mensonges déguisés en institutions de la République, est le socle sur lequel il sera possible d'édifier une *Sécu* vraiment rajeunie.

Un second mensonge, d'importance équivalente, doit être remplacé par la vérité : celui qui fait légalement des cotisations vieillesse l'origine des droits à pension. Certes, la plupart des pays développés ont adopté des systèmes de retraite basés sur ce principe, mais il régnait une semblable unanimité dans l'erreur lorsque Copernic puis Galilée comprirent que ce n'est pas le soleil qui tourne autour de la Terre, mais l'inverse. L'acceptation de la théorie héliocentrique boosta de manière formidable le développement de l'esprit scientifique, et par voie de conséquence l'essor des sciences, des techniques et de l'économie, mais le remplacement du mythe géocentrique fut extrêmement difficile : pour sauver sa vie, Galilée dut abjurer sa théorie devant le tribunal de l'Inquisition ! Même si, dans sa tête – restée sur ses épaules – il continua à penser *Eppur si muove* (« et pourtant, elle [la terre] se meut »), officiellement il lui fallut affirmer penser l'inverse.

Le « théorème de Sauvy » (*nous ne préparons pas nos retraites par nos cotisations, mais par nos enfants*) est de nos jours, et depuis un demi-siècle, l'équivalent de la découverte faite par Copernic : une vérité soumise au *black-out*. Tant que durera la volonté d'inscrire dans la loi que les cotisations versées au profit des retraités doivent être prises comme base de l'attribution des droits à pension, ce refus de la réalité interdira un véritable renouveau de la *Sécu*, et pas seulement en France : dans le monde entier, tant que les pays qui accèdent au développement imiteront le modèle occidental de sécurité sociale. Que nous soyons capables d'envoyer des sondes bien au-delà de notre système solaire, mais non de réaliser le fonctionnement économique des retraites, montre à quel point nos connaissances économiques sont en retard sur nos connaissances scientifiques et techniques.

Vienne le jour où les droits à pension seront enfin attribués au prorata des investissements réalisés dans le capital humain, et donc tout particulièrement dans la jeunesse ! Imaginons que notre pays ne finance plus nos écoles, collèges, lycées, établissements d'enseignement supérieur et de formation continue par des impôts – des versements qui ne rapportent aucun droit à pension à ceux qui les font – mais par des cotisations productrices de tels droits : la France prendrait la tête d'un formidable renouveau institutionnel.

De telles évolutions ne pourront avoir lieu que si nous remplaçons la très classique et bureaucratique organisation en silos administratifs qui a été appliquée aux Assurances sociales par une organisation adaptée à la réalité économique. Un silo retraites, un silo dépendance, un silo santé, un silo famille, voilà qui forme nécessairement un quatuor discordant. L'intitulé « santé » (ou « maladie »), par exemple, est trompeur : soigner un enfant, c'est logiquement investir ; soigner une personne en Ehpad, c'est-à-dire essayer de rendre une fin de vie pas trop désagréable pour elle-même et pour ses proches, cela constitue logiquement une prestation sanitaire dont la charge pécuniaire incombe à la branche retraite, pas à l'assurance maladie.

Il arrive trop souvent que l'organisation administrative de la *Sécu* ne tienne pas compte des réalités économiques. Par exemple, les pensions devraient incorporer le coût de l'assurance maladie des retraités, qui serait évidemment soustrait, lors du versement des pensions, sous forme de cotisations maladie. Laisser croire aux retraités qu'ils ne bénéficient que de ce qui leur est versé sur leur compte en banque constitue un mensonge institutionnel analogue à celui que nous avons dénoncé à propos des cotisations que le jargon administratif nomme « patronales ». La *Sécu* doit cesser d'être un nid de pieux mensonges, les assurés sociaux sont des citoyens, ils ont droit à la vérité.

La prolifération des textes officiels, lois, décrets et arrêtés, relatifs à la *Sécu*, est le signe d'une obésité législative et réglementaire. Les lois, en matière de sécurité sociale, sont pour leur majeure partie des collections de décrets et d'arrêtés : le caractère éminent que devraient avoir les textes législatifs est sacrifié au profit de ce que le *Rapport public 1991* du Conseil d'Etat appelait « le droit bavard », phénomène qui depuis 30 ans n'a fait que s'accentuer. L'instauration en 1996 de lois de financement de la Sécurité Sociale, sortes de clones des lois de finances, confie à des irresponsables le soin de donner force de loi à des décisions de simple gestion : au lieu que les mesures soient prises par des gestionnaires que le ministre en charge de la Sécurité sociale peut rétrograder ou licencier si les fruits ne tiennent pas les promesses des fleurs, elles le sont par des Assemblées dont les membres sont peu nombreux à posséder les qualités requises pour avoir un avis pertinent, et qui ne risquent quasiment rien s'ils prennent de mauvaises décisions. Notre *Sécu* fonctionnera autrement mieux le jour où ses cadres supérieurs seront, comme dans une entreprise, jugés sur leurs résultats, avec la perspective d'aller se faire voir ailleurs, comme on dit familièrement, si ces résultats sont mauvais.

Concrètement, pour prendre le cas d'une « branche » dont la réforme était à l'ordre du jour du quinquennat Macron, dans un régime de retraite par points la décision de modifier l'âge pivot (celui auquel un assuré social peut liquider sa pension sans décote ni surcote) doit revenir au Directeur général, dûment conseillé par son équipe d'actuaires. De telles décisions sont de nature technique ; les politiser ne donne rien de bon. Il en va de même pour la valeur de service du point : sa fixation ne doit pas pouvoir être un sujet de négociations entre un ministre, ou le Gouvernement, et des représentants des partenaires sociaux, négociation éventuellement arbitrée par le législateur si celui-ci a la possibilité de fixer ladite « valeur de service ».

Nous devons éviter de recourir à des *lois de commandement* qui donnent un caractère législatif à des décisions de simple gestion. La loi est destinée à fixer des règles générales (par exemple l'unicité du système de retraites par répartition, le caractère obligatoire de l'affiliation à ce système, son fonctionnement par points attribués au prorata des investissements réalisés dans le capital humain) ; il serait absurde que les valeurs à donner chaque année aux paramètres de commande relèvent de la responsabilité du législateur, qui justement ne peut pas être tenu pour responsable si les résultats de ses décisions sont mauvais. Toute responsabilité-pouvoir doit être corrélée à une responsabilité-devoir.

L'organisation de l'assurance maladie doit être soumise à des principes analogues. Cette « branche » ne doit pas être organisée comme un « silo ». Certes, un retraité s'adressera bien à sa caisse d'assurance maladie pour la prise en charge des soins qui lui sont nécessaires, mais c'est la caisse vieillesse qui réglera globalement l'addition pour l'ensemble des retraités. De même, les parents et futures mamans s'adresseront bien à la caisse maladie pour le financement des soins aux enfants, la surveillance de la grossesse, l'accouchement, mais la caisse famille règlera globalement toutes ces dépenses à la caisse maladie, parce qu'il s'agit d'investissement dans la jeunesse, tout comme les soins aux retraités doivent être *in fine* mis à la charge de la branche vieillesse.

La réforme ici esquissée est fondée sur une analyse et une rationalité toutes deux *économiques*. Cela ne signifie en aucune manière que nous ferions fi du principe de solidarité. Bien au contraire, la mise au carré de l'organisation de la *Sécu* est ce qui permettra d'organiser plus efficacement la solidarité. Celle-ci a, en schématisant, trois composantes : l'échange aussi équitable que possible entre tous les participants au système ; l'acceptation d'un traitement fondé sur des données statistiques et des probabilités ; la mansuétude envers les personnes qui ont une propension particulière à tomber dans chacun des pétrins devant lesquels la vie les fait passer.

L'échange équitable devrait intervenir particulièrement dans la ronde des générations : celui qui investit davantage dans le capital humain doit logiquement obtenir plus de droits à pension en répartition. Le raisonnement probabiliste, quant à lui, permet, sinon d'effacer, du moins d'atténuer fortement les différences engendrées par les aléas de la vie : le manque de chance de la personne qui a contracté une poliomyélite dans sa jeunesse doit être compensé autant que faire se peut ; les parents qui ont eu un enfant autiste ou mongolien doivent être soutenus de la façon la plus appropriée. Et la mansuétude, vertu évangélique que la République a incorporée à son idéal de fraternité, conduit à redonner une chance à ceux qui ont une forte propension à gâcher leur vie et celle des autres, et cela plusieurs fois si nécessaire – même si la République n'est pas tenue par le commandement chrétien de pardonner 77 fois 7 fois, c'est-à-dire sans limite.

Finalement, la cure de jouvence que nous appelons de nos vœux et dont nous venons de tracer les grandes lignes, évidemment sans exhaustivité, apparaît comme une entreprise difficile, mais non pas impossible. Pour la réaliser, il faudra rompre avec certaines traditions, à commencer par celle qui consiste à procéder par étapes, sous prétexte de ne pas brusquer les Français. La réforme de la *Sécu* s'apparente à l'ablation de la queue d'un chat : se fera-t-on davantage griffer, ira-t-on plus sûrement jusqu'au bout, si l'on veut procéder à une dizaine de petites ablations successives, ou si l'on enlève tout en une seule opération ? Bien entendu, pour la pauvre bête comme pour le chirurgien, il est hautement préférable de régler le problème en une seule fois.

Comparaison n'est pas raison, mais il est probable que dans bien des cas la bonne stratégie est du type blitzkrieg, la réforme menée au pas de charge. Les entreprises qui lancent de très gros chantiers, par exemple la construction d'un navire très sophistiqué, ou d'un vol spatial, savent comment planifier leurs opérations en pratiquant des opérations en parallèle. Les célèbres diagrammes PERT (*Program Evaluation and Review Technic*) sont efficaces pour planifier des opérations éclair, mener de front différentes tâches complémentaires les unes des autres. Dire qu'il est facile de monter ainsi une réforme de la sécurité sociale serait faire preuve d'un optimisme excessif, mais les exemples industriels et scientifiques (la partie scientifique des vols spatiaux est le plus souvent très importante) montre qu'il existe un savoir-faire. Probablement faudra-t-il l'importer en partie du secteur privé et d'organismes publics ou semi-publics ne relevant pas de l'administration classique ; ce sera une belle occasion pour réaliser l'aggiornamento dont celle-ci a besoin.

Il conviendra bien entendu de ne pas risquer de saborder le système actuel avant que le nouveau devienne opérationnel. Mais la France dispose de bons ingénieurs, et les organismes de protection sociale français ont en leur sein une proportion non négligeable de techniciens de qualité. Certes, des expériences malheureuses ont eu lieu dans les domaines dont l'Etat est responsable, notamment en informatique – on songe par exemple à Louvois, le système de paie des armées, dont les ratés ont dû faire se retourner mille et une fois dans sa tombe le célèbre ministre du Roi Soleil : la partie n'est pas gagnée d'avance, mais c'est le cas chaque fois que l'on entend réaliser un progrès décisif.

L'opération est fort délicate, mais peut-on progresser sans prendre des risques ? Notre chère *Sécu* ne doit pas être traitée comme une vieille dame fragile à laquelle il convient d'éviter toute épreuve. Au pire, ceux qui travailleront à préparer cette réforme auront perdu leur temps. Mais si la réforme est un succès, si notre *Sécu* effectue sa cure de jouvence, quelle avancée ce sera !

Structures éditoriales du groupe L'Harmattan

L'Harmattan Italie
Via degli Artisti, 15
10124 Torino
harmattan.italia@gmail.com

L'Harmattan Hongrie
Kossuth l. u. 14-16.
1053 Budapest
harmattan@harmattan.hu

L'Harmattan Sénégal
10 VDN en face Mermoz
BP 45034 Dakar-Fann
senharmattan@gmail.com

L'Harmattan Cameroun
TSINGA/FECAFOOT
BP 11486 Yaoundé
inkoukam@gmail.com

L'Harmattan Burkina Faso
Achille Somé – tengnule@hotmail.fr

L'Harmattan Guinée
Almamya, rue KA 028 OKB Agency
BP 3470 Conakry
harmattanguinee@yahoo.fr

L'Harmattan RDC
185, avenue Nyangwe
Commune de Lingwala – Kinshasa
matangilamusadila@yahoo.fr

L'Harmattan Congo
67, boulevard Denis-Sassou-N'Guesso
BP 2874 Brazzaville
harmattan.congo@yahoo.fr

L'Harmattan Mali
Sirakoro-Meguetana V31
Bamako
syllaka@yahoo.fr

L'Harmattan Togo
Djidjole – Lomé
Maison Amela
face EPP BATOME
ddamela@aol.com

L'Harmattan Côte d'Ivoire
Résidence Karl – Cité des Arts
Abidjan-Cocody
03 BP 1588 Abidjan
espace_harmattan.ci@hotmail.fr

L'Harmattan Algérie
22, rue Moulay-Mohamed
31000 Oran
info2@harmattan-algerie.com

L'Harmattan Maroc
5, rue Ferrane-Kouicha, Talaâ-Elkbira
Chrableyine, Fès-Médine
30000 Fès
harmattan.maroc@gmail.com

Nos librairies en France

Librairie internationale
16, rue des Écoles – 75005 Paris
librairie.internationale@harmattan.fr
01 40 46 79 11
www.librairieharmattan.com

Librairie l'Espace Harmattan
21 bis, rue des Écoles – 75005 Paris
librairie.espace@harmattan.fr
01 43 29 49 42

Lib. sciences humaines & histoire
21, rue des Écoles – 75005 Paris
librairie.sh@harmattan.fr
01 46 34 13 71
www.librairieharmattansh.com

Lib. Méditerranée & Moyen-Orient
7, rue des Carmes – 75005 Paris
librairie.mediterranee@harmattan.fr
01 43 29 71 15

Librairie Le Lucernaire
53, rue Notre-Dame-des-Champs – 75006 Paris
librairie@lucernaire.fr
01 42 22 67 13